Réussir le TAFC!

Test D'aptitude des Forces Canadiennes Guide d'étude et Exemples de Questions

Avis de Droit D'auteur

Droit d'auteur © 2013, Complete Test Preparation Inc., TOUS DROITS RÉSERVÉS. Aucune partie de cette publication ne doit être reproduite ou transmise sous aucune forme ni par aucun moyen électronique ou mécanique que ce soit, y compris la photocopie, l'enregistrement ou tout autre mode de stockage ou de consultation des informations, sans obtenir au préalable l'autorisation écrite de l'auteur.

Avis : Complete Test Preparation Inc. ne ménage aucun effort raisonnable pour obtenir auprès de sources fiables des renseignements exacts, complets et en temps opportun sur les tests dont il est question dans cet ouvrage. Néanmoins, des changements peuvent être apportés aux tests ou à l'administration des tests à tout moment et Complete Test Preparation Inc. n'offre aucune autre forme de garantie, explicite ou implicite, quant à l'exactitude des informations ou des recommandations qui y sont présentées. Complete Test Preparation Inc. n'offre aucune autre forme de garantie, explicite ou implicite, quant à l'exhaustivité, l'exactitude, la fiabilité, l'à-propos ou la disponibilité des renseignements que contient le présent document à une fin quelconque. Ainsi, la confiance que vous accordez à ces renseignements est donc strictement à vos propres risques.

L'auteur décline toute responsabilité au titre des pertes essuyées à cause de l'utilisation et de l'application, directement ou indirectement, des renseignements présentés dans cet ouvrage. Il est convenu que la vente de cette publication n'entraîne aucune obligation de la part de l'auteur à fournir des services ou des conseils professionnels. En cas de besoin de conseils ou d'aide spécialisée, il faut alors faire appel aux services d'un professionnel compétent.

Les noms de compagnie, de produit et de service utilisés dans cet ouvrage sont uniquement à des fins d'identification. Toutes les autres marques ou noms de produit sont la propriété de leurs titulaires légitimes. *Blue* Complete Test Preparation Inc. n'est affiliée à aucun établissement d'enseignement.

Nous recommandons vivement aux stagiaires de vérifier auprès des administrateurs de ce test les renseignements à jour sur son contenu.

ISBN: 9781772450804

Rendez-nous visite sur le Web à l'adresse http://www.test-preparation.ca Imprimé aux États-Unis

Complete Test Preparation Inc.

Complete Test Preparation Inc. publie du matériel d'étude de haute qualité depuis 2005. Des milliers d'étudiants visitent nos sites chaque année, et des milliers d'étudiants, enseignants et parents partout dans le monde ont achetés nos matériels d'enseignement, programmes, guides d'étude et tests de pratique.

Complete Test Preperation Inc. est engagé à fournir aux étudiants le meilleur matériel d'étude et tests de pratique disponibles sur le marché. Les membres de notre équipe combinent des années d'expérience en enseignement, avec des écrivains et des éditeurs expérimentés, tous titulaires de diplômes d'études supérieures.

Table des Matières

6 Introduction

8 Compétences Verbales (CV)
    Feuille de réponses   23
    Comment enrichir son vocabulaire   26
    Tutoriel sur les Analogies Verbales   29

33 Résolution de Problèmes (RP)
    Feuille de réponses   46
    Méthodes de résolution des problèmes
    de raisonnement arithmétique   50

66 Aptitudes Spatiales (AS) 66
    Feuille de Réponses   72

74 Test de Pratique 1
    Feuille de Réponses   99

108 Test de Pratique 2
    Feuille de Réponses   136

140 Conclusion

Introduction

Félicitations! En décidant d'effectuer le test d'aptitude des Forces canadiennes (TAFC), vous avez fait le premier pas vers un avenir prometteur! Bien entendu, il est parfaitement inutile de faire cet examen important sauf si vous faites de votre mieux pour obtenir la note maximale à la mesure de vos moyens. Cela veut dire que vous devez vous organiser et découvrir les meilleures démarches, méthodes et stratégies pour maîtriser ce que vous apprenez. Bien sûr, cela exigera de votre part de véritables efforts et un grand dévouement, mais si vous êtes désireux d'y consacrer toute votre énergie et le temps nécessaire, avant même que vous ne le sachiez, vous allez ouvrir cette lettre d'acceptation pour la spécialité de vos rêves dans les forces armées.

Nous savons bien sûr qu'un nouveau projet peut avoir quelque chose d'effrayant, et il est facile de ne pas être absolument certain par où commencer. C'est précisément là où nous pouvons vous être utiles. Ce guide d'étude est conçu pour vous aider à améliorer vos compétences, pour vous faire découvrir quelques-unes des ficelles du métier et pour enrichir à la fois vos compétences et votre confiance.

Le Test D'aptitude des Forces Armées Canadiennes

Le TAFC comporte trois parties, les compétences verbales, notamment le vocabulaire de base et les analogies verbales, les aptitudes spatiales, où on vous demande de reconnaître des formes et des motifs, et la résolution de problèmes, ce qui comporte des problèmes de vocabulaire (raisonnement arithmétique), des suites de mots et des problèmes non verbaux, où l'on vous demande de reconnaître des formes après une certaine transformation, par exemple une rotation.

Même si nous nous sommes efforcés de rendre ce guide aussi détaillé que possible, vous constaterez qu'à l'instar de tous les examens d'admission, le TAFC pourrait être modifié à l'avenir. De nouveaux éléments pourront y être ajoutés, où l'on pourra en supprimer le contenu qui n'a plus d'utilité ni d'application. Il est toujours judicieux d'examiner attentivement le document que vous recevez au moment de vous inscrire pour faire le TAFC.

Structure de ce Guide D'étude

Ce guide d'étude comporte quatre éléments. La première partie, les autoévaluations, vous aidera à reconnaître vos points forts et vos faiblesses. Ce sera une occasion inespérée lorsque viendra le moment de gérer votre temps d'étude avec le maximum d'efficacité; il n'est guère utile de se concentrer sur les éléments que vous maîtrisez déjà bien. En revanche, les autoévaluations vous permettront de mieux savoir à quoi consacrer votre temps. Dans ce domaine, vous commencerez par répondre à quelques questions pour déterminer rapidement la compréhension que vous avez des éléments qui sont susceptibles d'apparaître dans le TAFC. Si vous obtenez des résultats médiocres dans certains domaines, consacrez toute votre attention à ces éléments dans les tutoriels et essayez à nouveau l'autoévaluation.

Le deuxième élément, les tutoriels, offre des renseignements sur chacun des éléments du contenu, de même que des stratégies pour vous aider à mieux les maîtriser. Les tutoriels ne se veulent pas un cours exhaustif, mais ils traitent plutôt de principes généraux. Si vous constatez que vous ne comprenez pas les tutoriels, nous vous conseillons de demander d'autres instructions.

En troisième lieu, nous proposons deux séries de questions d'épreuves pratiques, analogues à celles de l'examen du TAFC.

Compétences Verbales (CV)

CETTE SECTION CONTIENT UNE AUTOÉVALUATION ET UN TUTORIEL SUR LES COMPÉTENCES VERBALES. Les tutoriels ont pour but de vous faire découvrir les principes généraux alors que l'autoévaluation contient des questions générales analogues aux questions de compétences verbales susceptibles de figurer dans l'examen du TAFC, sans pour autant leur être identiques. Si vous ne comprenez pas certains éléments du tutoriel, ou que vous le trouvez difficile, nous vous conseillons alors de demander d'autres instructions.

Visite du Contenu des Compétences Verbales

Commençons par examiner ce que sont les compétences verbales. Dans le TAFC, les compétences verbales ne sont qu'une autre appellation pour le vocabulaire et les analogies. Le TAFC contient quatre différents types de questions sur les compétences verbales : les synonymes, où l'on vous demande de choisir un mot qui a le même sens, les antonymes, où l'on vous demande de choisir un mot qui a le sens contraire, et les questions de définition, où l'on vous demande de choisir la définition d'un mot donné. Commençons par le vocabulaire.

Voici des exemples des trois types de questions de vocabulaire.

1. Exemple de synonyme :

MAISON est synonyme de

    a. Ferme
    b. Résidence
    c. Bureau
    d. Édifice

La réponse est B. Résidence et maison sont synonymes.

2. Exemple d'antonyme :

VITE est le contraire de

    a. Lent
    b. Rapide
    c. Tardif
    d. Paresseux

La réponse est A. Lenteur et vitesse sont des mots opposés.

3. Exemple de définition

Les animaux AQUATIQUES vivent

    a. Dans les arbres
    b. Sur la terre
    c. Sous l'eau
    d. Dans les montagnes

La réponse est C. Aquatique signifie que cela a un rapport avec l'eau.

Le quatrième type de question dans la section sur les compétences verbales se rapporte aux analogies verbales. Les questions sur les analogies verbales vous proposent deux mots apparentés et un autre mot sans mot apparenté. On vous demande de trouver un mot qui a le même rapport que les deux mots donnés. Une variante de ce type consiste à vous donner une paire de mots et vous devez choisir une paire de mots qui ont le même rapport parmi une liste de paires.

4. Exemple d'analogie verbale :

Rédaction : publication d'un livre de cuisine : _____

    a. pâtisserie
    b. repas
    c. nettoyage
    d. lavage

Réponse : B

Il s'agit d'un rapport d'étape dans un processus. Vous devez écrire avant de publier de la même façon que vous devez cuisiner avant de manger.

Autoévaluation des Compétences Verbales

Le but de l'autoévaluation est :

a. de déterminer vos points forts et vos faiblesses.

b. de vous habituer à la présentation du TAFC.

c. de fournir un exercice supplémentaire – les autoévaluations sont pratiquement une troisième épreuve pratique complète!

d. de donner un score de référence dans la section sur les compétences verbales.

Étant donné qu'il s'agit d'une autoévaluation, et selon votre niveau d'assurance à l'égard des compétences verbales, la durée est facultative. Le TAFC comporte 15 questions sur les compétences verbales auxquelles il faut répondre en l'espace de cinq minutes. L'autoévaluation compte 40 questions, de sorte que vous devez compter environ 20 minutes pour procéder à cette évaluation.

L'autoévaluation est conçue de manière à vous donner

un score de référence dans les différents secteurs dont il est question. Voici un bref aperçu du rapport entre la note que vous obtenez à l'autoévaluation et votre compréhension des éléments.

75 % – 100 %	Excellent. Vous maîtrisez parfaitement le contenu.
50 % – 75 %	Bien. Vous avez une connaissance pratique du contenu. Même si vous pouvez sauter cette section, peut-être voudrez-vous revoir les tutoriels et refaire l'exercice pour déterminer si vous arrivez à obtenir une meilleure note.
25 % – 50 %	Sous la moyenne. Vous comprenez mal les problèmes. Examinez les tutoriels, et refaites à nouveau ce questionnaire dans quelques jours, avant de passer au reste du guide d'étude.
Moins de 25 %	Médiocre. Vous avez une compréhension très limitée des problèmes. Veuillez revoir les tutoriels et refaire à nouveau ce questionnaire dans quelques jours, avant de passer au reste du guide d'étude.

Les questions ci-dessous ne sont pas identiques à celles que vous trouverez dans le TAFC – cela serait trop facile! Personne ne sait quelles seront les questions, car elles changent sans cesse. Vous trouverez ci-après des questions générales sur les compétences verbales. Ainsi, même si la présentation et le libellé exact des questions peuvent légèrement différer et changer d'une année à l'autre, si vous arrivez à répondre aux questions ci-dessous, vous n'aurez aucun problème avec la section sur les compétences verbales du TAFC.

Après avoir effectué l'autoévaluation, utilisez le tableau ci-dessus pour évaluer votre compréhension. Si vous obtenez une note peu élevée, revoyez les tutoriels et essayez à nouveau dans quelques jours.

Réponses à l'autoévaluation sur les compétences verbales

	A	B	C	D	E		A	B	C	D	E
1	○	○	○	○	○	21	○	○	○	○	○
2	○	○	○	○	○	22	○	○	○	○	○
3	○	○	○	○	○	23	○	○	○	○	○
4	○	○	○	○	○	24	○	○	○	○	○
5	○	○	○	○	○	25	○	○	○	○	○
6	○	○	○	○	○	26	○	○	○	○	○
7	○	○	○	○	○	27	○	○	○	○	○
8	○	○	○	○	○	28	○	○	○	○	○
9	○	○	○	○	○	29	○	○	○	○	○
10	○	○	○	○	○	30	○	○	○	○	○
11	○	○	○	○	○	31	○	○	○	○	○
12	○	○	○	○	○	32	○	○	○	○	○
13	○	○	○	○	○	33	○	○	○	○	○
14	○	○	○	○	○	34	○	○	○	○	○
15	○	○	○	○	○	35	○	○	○	○	○
16	○	○	○	○	○	36	○	○	○	○	○
17	○	○	○	○	○	37	○	○	○	○	○
18	○	○	○	○	○	38	○	○	○	○	○
19	○	○	○	○	○	39	○	○	○	○	○
20	○	○	○	○	○	40	○	○	○	○	○

1. Un PÉTALE est à une FLEUR ce que la FOURRURE est

    a. à la peau
    b. à la chaleur
    c. à la femme
    d. au lapin

2. Un CADEAU est à un ANNIVERSAIRE ce qu'une RÉCOMPENSE est à

    a. une réalisation
    b. une médaille
    c. une acceptation
    d. de l'argent liquide

3. Une PELLE est au CREUSAGE ce que des CISEAUX sont

    a. à une benne
    b. au transport
    c. à une incision
    d. à une fauche

4. Un DOIGT est à la MAIN ce qu'une JAMBE est

    a. au corps
    b. au pied
    c. à l'orteil
    d. à la hanche

5. DORMIR TARD est à TARDIVEMENT ce que le fait de SAUTER LE PETIT-DÉJEUNER est

    a. avoir faim
    b. à tôt le matin
    c. au déjeuner
    d. au dîner

6. Un CERCLE est une SPHÈRE ce qu'un CARRÉ est

    a. à un triangle
    b. à un ovale
    c. à un demi-cercle
    d. à un cube

7. L'ORANGE est au FRUIT ce que la CAROTTE est

    a. au légume
    b. au haricot
    c. à la nourriture
    d. à la pomme

8. Le PAPIER est à LÉGER ce que le PLOMB est

    a. à gris
    b. à solide
    c. à épaisseur
    d. à lourd

9. L'ACIER est à la VOITURE ce que le VERRE est

    a. au volet
    b. à la fenêtre
    c. à la transparence
    d. à la fragilité

10. Un TRÈFLE À QUATRE FEUILLES est à la CHANCE ce qu'une CROIX est

    a. à la chrétienté
    b. à la religion
    c. au bois
    d. à l'arbre

11. OSTENSIBLE est synonyme de

    a. important
    b. éminent
    c. beau
    d. convaincant

12. BIENVEILLANCE est synonyme de

    a. bonheur
    b. courage
    c. gentillesse
    d. fidélité

13. AGITATION est synonyme de

    a. bruit
    b. douceur
    c. délicatesse
    d. chaleur

14. CARESSER est synonyme de

    a. tenir
    b. flatter
    c. jeter
    d. garder

15. CAPITAL est synonyme de

   a. magique
   b. mémorable
   c. extraordinaire
   d. très important

16. ANTAGONISTE est synonyme de

   a. partisan
   b. fanatique
   c. ennemi
   d. partenaire

17. SOUVENIR est synonyme de

   a. monument
   b. cadeau
   c. rappel
   d. idée

18. INSIDIEUX est synonyme de

   a. sage
   b. courageux
   c. utile
   d. graduel

19. ITINÉRAIRE est synonyme de

   a. calendrier
   b. guide
   c. laissez-passer
   d. journal

20. ILLUSTRE est synonyme de

    a. riche
    b. noble
    c. galant
    d. pauvre

21. AUTHENTIQUE est le contraire de

    a. réel
    b. imitation
    c. apparition
    d. rêve

22. MÉCHANT est le contraire de

    a. acteur
    b. actrice
    c. reine
    d. héros

23. DISPARAÎTRE est le contraire de

    a. apparaître
    b. perdre
    c. refléter
    d. vider

24. LITTÉRAL est le contraire de

    a. manuscrit
    b. écriture
    c. figuré
    d. faux

25. SÉVÈRE est le contraire de

    a. doux
    b. léger
    c. volumineux
    d. encombrant

26. DÉPENSER SANS COMPTER est le contraire de

    a. dépenser
    b. compter
    c. utiliser
    d. épargner

27. INACTIF est le contraire de

    a. occupé
    b. vacant
    c. affairé
    d. intéressé

28. CONSOLER est le contraire de

    a. aggraver
    b. comprendre
    c. sympathiser
    d. soulager

29. DÉRANGÉ est le contraire de

    a. chaotique
    b. sale
    c. austère
    d. sain d'esprit

30. INCOHÉRENT est le contraire de

   a. branché
   b. consterné
   c. reconnu
   d. abondant

31. VIRAGO est

   a. une femme dominante et bruyante
   b. une femme tranquille
   c. un homme dominant et bruyant
   d. un homme tranquille

32. S'ÉLEVER CONTRE est synonyme de

   a. approuver
   b. indifférent
   c. désapprouver
   d. rien de ce qui précède

33. SECOURIR équivaut à

   a. flatter
   b. détester
   c. aimer
   d. apporter de l'aide ou de l'assistance

34. SPÉCIEUX signifie

   a. logique
   b. illogique
   c. émotionnel
   d. deux espèces

35. PROSCRIRE signifie

    a. accueillir

    b. écrire une ordonnance

    c. bannir

    d. poser un diagnostic

36. PERNICIEUX signifie

    a. mortel

    b. infectieux

    c. courant

    d. rare

37. PROSAÏQUE signifie

    a. rare

    b. fréquent

    c. marcher ou courir

    d. courant

38. IRRITABLE signifie

    a. patient

    b. coquet

    c. impatient

    d. mûr

39. PRIVER signifie

    a. être avare

    b. être ennuyé

    c. ne pas aimer

    d. insulter

40. TOMBER (sous forme de pluie) signifie

   a. pleuvoir
   b. jeter par terre
   c. jeter en l'air
   d. neiger

Feuille de Réponses

1. D
Il s'agit d'une relation partitive. Un pétale est à une fleur ce que la fourrure est à un lapin.

2. A
Un cadeau célèbre un anniversaire alors qu'une récompense célèbre une réalisation.

3. C
Il s'agit d'un rapport fonctionnel. Une pelle sert à creuser alors que des ciseaux servent à couper.

4. A
Il s'agit d'une relation partitive. Le doigt fait partie de la main de la même façon que la jambe fait partie du corps.

5. A
C'est une relation de cause à effet. Si vous ne vous réveillez pas assez tôt, vous serez en retard. Si vous sautez le petit-déjeuner, vous aurez faim.

6. D
Une sphère est la forme solide d'un cercle tout comme un cube est la forme solide d'un carré.

7. A
Il s'agit d'une relation de classification. Une orange est un fruit tandis qu'une carotte est un légume.

8. D
Il s'agit d'une relation particulière. Le papier est léger tout comme le plomb est lourd.

9. B
Il s'agit d'une relation de composition. Les voitures sont faites d'acier alors que les fenêtres sont faites de verre.

10. A
Il s'agit d'une relation symbolique. Un trèfle à quatre feuilles est un symbole de chance alors qu'une croix est un symbole de chrétienté.

11. B
Ostensible signifie important.

12. C
Bienveillance veut dire gentillesse.

13. A
Animé signifie bruyant.

14. B
Caresser signifie flatter.

15. D
Capital signifie très important.

16. C
Antagoniste signifie ennemi.

17. C
Souvenir signifie rappel.

18. D
Insidieux signifie graduel.

19. A
Itinéraire signifie calendrier.

20. B
Illustre signifie noble.

21. B
Authentique est le contraire d'imitation.

22. D
Méchant est l'opposé de héros.

23. A
Disparaître est le contraire d'apparaître.

24. C
Littéral est l'opposé de figuré.

25. A
Sévère est l'opposé de doux.

26. D
Dépenser sans compter est l'opposé d'épargner.

27. C
Inactif est l'opposé d'affairé.

28. A
Consoler est le contraire d'aggraver.

29. D
Dérangé est le contraire de sain d'esprit.

30. A
Incohérent est le contraire de branché.

31. A
Virago : portée à l'agressivité ou aux mauvaises manières à la moindre provocation; mégère.

32. C
Critiquer : humilier ou désapprouver.

33. D
Secours : aide, assistance ou secours donné aux personnes en détresse; soins.

34. B
Spécieux : apparemment mûrement réfléchi ou factuel, mais en fait fallacieux ou hypocrite; profonde conviction, mais fallacieuse.

35. C
Proscrire : dénoncer ou condamner, bannir.

36. A
Pernicieux : fait beaucoup de tort de manière subtile.

37. D
Prosaïque : ordinaire, ennuyeux; quotidien; sans relief, courant.

38. C
Irritable : irritable comme un enfant, impatient.

39. A
Avare : peu dépensier, économe.

40. A
Tomber (sous forme de pluie) signifie pleuvoir.

Comment Enrichir son Vocabulaire

Les tests de vocabulaire peuvent être redoutables, surtout quand on pense au nombre considérable de mots qui peuvent se présenter lors d'un examen. À mesure qu'approche la date de l'examen, votre niveau d'angoisse augmente, car vous savez parfaitement que peu importe le nombre de mots que vous parvenez à mémoriser, tout porte à croire que vous vous souviendrez d'un petit nombre seulement. Voici certains tuyaux que vous pouvez utiliser pour mémoriser les grands mots susceptibles de figurer dans votre examen, sans avoir à ouvrir un dictionnaire et à mémoriser tous les mots connus de l'humanité.

Construisez et décomposez les grands mots. Comme tant d'autres choses, les grands mots se composent de parties plus petites. Certains mots sont faits d'une quantité d'autres mots. Un homme qui soulève des poids par exemple est un haltérophile. Les mots sont également composés d'éléments que l'on appelle des préfixes, des suffixes et des racines. Bien souvent, on comprend le rapport entre les différents mots grâce à leurs parties. Quelqu'un qui est habile de ses deux mains est ambidextre. Un mot qui a une double signification est ambigu. Une personne qui éprouve deux émotions conflictuelles est ambivalente. Deux mots qui sont synonymes ont souvent la même racine. Bio, une racine tirée du latin, est employé dans des mots comme biographie, qui signifie une description de la vie d'une personne, et biologie qui signifie l'étude des organismes vivants.

Mots qui ont une double signification. Saviez-vous que le mot fichu ne signifie pas seulement une pièce d'étoffe, mais également détestable, mauvais. Il arrive parfois qu'un mot ait une double signification. Le sens que lui donne un dictionnaire ou la dénotation d'un mot diffère parfois de la manière dont nous l'employons, ou de sa connotation.

Lisez beaucoup, lisez à fond et lisez chaque jour. Le meilleur moyen d'enrichir votre vocabulaire consiste à apprendre le plus grand nombre de mots possible par la lecture. Grâce à la lecture, vous êtes en mesure de vous rappeler des mots dans le contexte qui leur est adapté et ainsi de vous souvenir de leur sens ou à tout le moins de leur emploi. Le fait de lire abondamment vous aidera à connaître des mots qu'il se peut que vous n'employiez pas au quotidien. C'est incontestablement la meilleure stratégie. Cependant, si vous étudiez pour un examen qui a lieu la semaine prochaine, ou même demain, cela ne sert pas à grand-chose! Vous trouverez cidessous un éventail des différentes façons d'apprendre de nouveaux mots avec rapidité et efficacité.

N'oubliez pas. N'oubliez jamais que les grands mots sont faciles à comprendre lorsque vous les subdivisez en leurs plus petits éléments, et que les mots moins longs ont souvent plusieurs autres sens en dehors de celui que vous connaissez déjà. Vous trouverez ci-dessous une longue liste de mots qui ont une racine, suivie d'une centaine de questions pour vous aider à connaître leur racine.

Voici plusieurs façons efficaces qui vous aideront à enrichir votre vocabulaire.

Prenez l'engagement d'apprendre de nouveaux mots. Pour enrichir votre vocabulaire, vous devez vous engager à apprendre de nouveaux mots. Prenez l'engagement d'apprendre au moins un ou deux mots par jour. Vous pouvez également apprendre de nouveaux mots en lisant des livres, des poésies, des histoires, des pièces de théâtre et des revues. Exposez-vous à la langue pour enrichir le nombre de nouveaux mots que vous apprenez.

Apprenez un vocabulaire pratique. Dans la mesure du possible, apprenez le vocabulaire qui se rattache à ce que vous faites et que vous pouvez employer régulièrement. Par exemple, apprenez des mots qui un rapport avec votre profession ou votre passe-temps. Apprenez le maximum de mots dans les domaines qui vous intéressent particulièrement.

Employez fréquemment de nouveaux mots. Aussitôt que vous avez appris un nouveau mot, commencez à l'employer et faites-le souvent. Répétez-le lorsque vous êtes seul et essayez d'employer le mot le plus souvent possible avec les gens à qui vous parlez. Vous pouvez également utiliser des fiches pour employer les nouveaux mots que vous apprenez.

Apprenez le bon usage. Si vous ne comprenez pas le bon usage, apprenez-le et soyez sûr que vous l'employez à bon escient.

Utilisez un dictionnaire. Lorsque vous lisez des manuels, des romans ou des lectures obligatoires, ayez toujours un dictionnaire à portée de la main. Apprenez également à utiliser les dictionnaires en ligne et le dictionnaire des MOTS. Dès que vous tombez sur un nouveau mot, vérifiez-en le sens. Si vous n'arrivez pas à le faire tout de suite, écrivez-le sur un morceau de papier et vérifiez-en le sens le plus tôt possible. Cela vous aidera à comprendre le sens du mot et la meilleure façon de l'employer.

Apprenez les racines, les préfixes et les suffixes. Les mots sont généralement tirés de suffixes, de préfixes et de racines qui viennent du latin, du français ou du grec. Le fait d'apprendre la racine ou l'origine d'un mot vous aide plus facilement à en comprendre le sens ainsi que celui d'autres mots provenant de la même racine. En général, si vous apprenez le sens d'un mot-racine, vous comprendrez deux ou trois mots. Consultez notre liste de mots-racines ci-dessous. C'est une excellente stratégie globale. La plupart des préfixes, des suffixes et des racines sont employés dans deux, trois ou plusieurs mots, de sorte que si vous connaissez la racine, le préfixe ou le suffixe, vous pouvez facilement deviner le sens de nombreux mots.

Synonymes et antonymes. La plupart des mots en anglais ont deux ou trois (au moins) synonymes et antonymes. Par exemple, « grand » dans son sens le plus courant, compte environ 75 synonymes et un nombre égal d'antonymes. Le fait de comprendre les relations entre ces mots et la manière dont ils s'imbriquent tous les uns dans les autres procure à votre cerveau un cadre grâce auquel il est plus facile d'apprendre ces mots et de s'en souvenir.

Utilisez des fiches. Les fiches sont l'un des meilleurs moyens de mémoriser certaines choses. Elles peuvent être utilisées partout et à tout moment, et vous pouvez les consulter à vos moments libres, lorsque vous attendez l'autobus ou que vous faites la file. Faites vos propres fiches ou achetez des fiches préparées dans le commerce, et conservez-les sur vous en permanence.

Dressez des listes de mots. Pour apprendre du vocabulaire, à l'instar de bien d'autres choses, il faut faire des répétitions. Tenez un journal de vos nouveaux mots dans une section séparée ou dans un carnet séparé. Ajoutez-y les mots que vous cherchez dans le dictionnaire, ainsi que dans les listes de mots. Revoyez régulièrement vos listes de mots.

Le fait de photocopier ou d'imprimer des listes de mots sur Internet ou dans des documents n'équivaut pas à la même chose. À vrai dire, le fait d'écrire le mot et de prendre quelques notes sur sa définition est un processus important qui permet de mémoriser le mot dans votre cerveau. Le fait d'écrire le mot et sa définition dans votre journal de nouveaux mots vous oblige à vous concentrer sur le nouveau mot. Le fait d'appuyer sur la touche IMPRIMER ou de pousser un bouton sur votre photocopieur n'a pas le même sens.

Tutoriel sur les Analogies Verbales

Les analogies verbales peuvent être complexes pour tout le monde, aussi est-il important d'avoir des stratégies pour avoir de meilleures chances de choisir la bonne réponse. Les stratégies suivantes sur les analogies verbales vous permettront d'exceller dans ces types de tests et/ou de problèmes :

1. Le seul moyen de s'améliorer dans un domaine consiste à s'y exercer et la même chose vaut pour les analogies verbales. Il n'existe pas vraiment d'autres moyens d'étudier les analogies verbales sauf en s'y exerçant. Vous pouvez commencer au moins un mois à l'avance en vous y exerçant une heure par jour.

2. Peu importe le nombre de relations que vous trouvez entre les mots qui figurent dans une analogie verbale, ce qui importe, c'est que vous donniez la réponse que recherche le concepteur de l'examen. Cette stratégie consiste à donner la bonne réponse. Bien souvent, les relations auxquelles vous pensez sont beaucoup plus profondes que ce que le concepteur de l'examen recherche. Voici un exemple de ce que cela signifie :

Bigoterie/Haine

- a. Douceur : amertume
- b. Ségrégation : intégration
- c. Égalité : gouvernement
- d. Fanatisme : intolérance

Vous pensez d'office que le fait d'être « sectaire » consiste à « haïr » ou que la « haine sectaire » ressemble beaucoup à « c », étant donné que l'égalité est normalement rattachée au gouvernement, ou à « d », car il est fréquent que les fanatiques soient considérés comme intolérants. Le problème est que cette façon de réfléchir est subjective ou qu'elle témoigne d'un parti pris et que tout le monde ne pense pas de la même façon, aussi comment peut-on dire que ces choix soient les bons. Vous constaterez néanmoins que les choix « b » et « d » ne sont pas des réflexions subjectives, mais plutôt des extrêmes sociales, tout comme le sont la bigoterie et la haine. La manière de réduire les choix consiste à analyser les mots les uns par rapport aux autres, « bigoterie et haine » sont des termes semblables, alors que le choix « b » ne l'est pas, ce sont des mots opposés. Le choix « d » est le bon choix, car ce sont également des termes analogues.

3. Une autre stratégie à utiliser pour les analogies verbales consiste à choisir un ou plusieurs mots semblables à ceux qui figurent dans l'analogie. Cela signifie trouver un mot qui désigne la relation des mots donnés. Les principales relations que l'on trouve dans les analogies sont énumérées ci-après :

- **But :** Cela signifie que « A » est employé pour « B » de la même manière que « X » est employé pour « Y ».
- **Cause à effet :** Cela signifie que « A » a un effet sur « B » de la même manière que « X » a un effet sur « Y ».
- **Partie ou tout (individuel à collectif) :** Cela signifie que « A » est un élément de « B » tout comme « X » est un élément de « Y »
- **Partie à partie :** « A » et « B » font tous les deux partie de quelque chose, tout comme « X » et « Y » font tous les deux partie de quelque chose d'autre.
- **Action à objet :** « A » est à « B » ce que « X » est à « Y ».
- **Objet à action :** « A » a un effet sur « B » tout comme « X » a un effet sur « Y ».
- **Sens du mot :** « A » signifie à peu près la même chose que « B » et « X » à peu près la même chose que « Y ».
- **Sens de mot opposé :** « A » signifie à peu près l'opposé de « B » et « X » à peu près l'opposé de « Y ».
- **Suite :** « A » se situe avant (ou après) « B », tout comme « X » se situe avant (ou après) « Y ».
- **Lieu :** « A » et « B » sont des lieux connexes tout comme « X » et « Y » sont des lieux connexes.
- **Ampleur :** « A » est supérieur à (ou inférieur) à « B » et « X » est supérieur (ou inférieur) à « Y ».
- **Grammatical :** « A » et « B » font partie d'un discours et ont a un rapport l'un avec l'autre – de nom à nom, adjectif à nom, etc., tout comme les éléments du discours « X » et « Y » ont un rapport l'un avec l'autre.

4. La stratégie suivante consiste à déchiffrer les analogies verbales dans des phrases. Si vous prenez l'exemple ci-dessus, vous pouvez lire quelque chose du genre « Bigoterie a un rapport avec haine, tout comme '|' et insérer chacun des choix à la fin comme « l'égalité se rapporte au gouvernement », etc. Vous pouvez modifier votre façon de formuler la phrase selon la relation qui existe entre les mots.

5. Il est parfois difficile de reconnaître la relation en examinant uniquement l'analogie dans l'ordre où elle est représentée, de sorte qu'il faut changer les mots de place et essayer de trouver une relation de cette manière. Ainsi, au lieu de vous interroger sur le rapport qui existe entre « bigoterie » et « haine », essayez de comprendre le rapport qui existe entre « haine » et « bigoterie ». Si vous restez coincé, vous pouvez commencer à trouver des rapports entre le premier et le deuxième mots de l'analogie donnée et entre le premier et le deuxième mots des choix respectivement. Comparez tous les premiers mots au premier mot original, et les deuxièmes mots au deuxième mot.

6. À l'instar de tous les types de tests, vous pouvez faire une supposition éclairée lorsque toutes les autres stratégies ont échoué. Suivez vos intuitions, choisissez une lettre que vous n'avez pas choisie depuis un moment, ou contentez-vous de marquer la relation la plus complexe que vous constatez dans les choix, si vous êtes pressé par le temps.

Résolution de Problèmes (RP)

LA PRÉSENTE SECTION CONTIENT UNE AUTOÉVALUATION ET UN TUTORIEL SUR LA RÉSOLUTION DE PROBLÈMES. Ces tutoriels visent à vous familiariser avec des principes généraux, et l'autoévaluation présente des questions générales semblables à celles sur la résolution de problèmes qui se trouveront probablement dans l'examen du test d'aptitudes des Forces canadiennes, sans toutefois être identiques. Si vous ne comprenez pas certaines parties du tutoriel ou éprouvez des difficultés, il serait bon d'étudier davantage.

Tour d'horizon du Contenu sur la Résolution de Problèmes

Pour commencer, voyons quels types de questions se trouvent dans la section sur la résolution de problèmes. Le TAFC comprend trois types de questions de résolution de problèmes : les problèmes sous forme d'énoncé, les suites et les problèmes de perception spatiale.

Quelques exemples de ces trois types de questions sont présentés ci-dessous.

1. Exemple de problème sous forme d'énoncé :

La construction d'une clôture autour d'un champ carré représente un coût total de 2000 $ à 5 $ du mètre. Quelle est la longueur d'un des côtés?

    a. 80 mètres
    b. 100 mètres
    c. 40 mètres
    d. 320 mètres

Réponse : B

La longueur totale de la clôture correspond à = 2000/5 = 400 mètres. Il s'agit de la longueur du périmètre du champ. Comme il est carré, la longueur d'un des côtés est = 400/4 = 100 mètres.

2. Exemple de suite :

Quel sera le prochain nombre dans la suite suivante? 6, 12, 24, 48, ...

    a. 48
    b. 64
    c. 60
    d. 96

Réponse : D
Chaque nombre est le double du précédent.

3. Exemple de problème de perception spatiale.

Choisissez l'image qui correspond à la même relation.

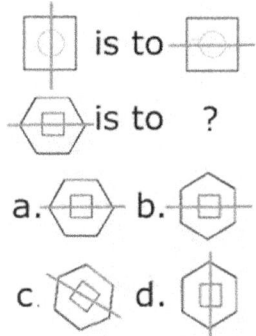

Réponse : D

La figure a subi une rotation de 90°; le choix correspondant est D.

Autoévaluation de Résolution de Problèmes

Une autoévaluation de résolution de problèmes est proposée ci-dessous. Elle vise les objectifs suivants :

- Vous permettre de déterminer vos forces et vos faiblesses.
- Vous habituer au format du TAFC.
- Vous faire pratiquer encore plus – l'autoévaluation est presque un troisième test de pratique complet!

Comme il s'agit d'une autoévaluation, vous pouvez décider de vous imposer une limite de temps, selon votre niveau de confiance à l'égard de vos aptitudes de résolution de problèmes. Le TAFC comporte 30 questions de résolution de problèmes auxquelles il faut répondre en 30 minutes. L'autoévaluation compte

25 questions, vous devriez donc vous accorder environ 25 minutes pour la compléter.

L'autoévaluation est conçue pour vous donner un score de référence sur les divers aspects couverts. Le tableau ci-dessous donne un aperçu de votre compréhension de la matière selon votre score à l'autoévaluation.

75 % – 100 %	Excellent – vous maîtrisez la matière.
50 % – 75 %	Bien. Vous avez une connaissance fonctionnelle de la matière. Même si vous obtenez la note de passage à cette section, vous pourriez réviser les tutoriels et faire des pratiques supplémentaires pour essayer d'améliorer votre score.
25 % – 50 %	Sous la moyenne. Vous n'avez pas compris certains problèmes. Passez en revue les tutoriels et réessayez ce test dans quelques jours avant de passer au reste du guide d'études.
25 % et moins	Médiocre. Votre compréhension des problèmes est très limitée. Passez en revue les tutoriels et réessayez ce test dans quelques jours avant de passer au reste du guide d'études.

Feuille de Réponse de L'autoévaluation de Résolution de Problèmes

	A	B	C	D	E		A	B	C	D	E
1	○	○	○	○	○	21	○	○	○	○	○
2	○	○	○	○	○	22	○	○	○	○	○
3	○	○	○	○	○	23	○	○	○	○	○
4	○	○	○	○	○	24	○	○	○	○	○
5	○	○	○	○	○	25	○	○	○	○	○
6	○	○	○	○	○						
7	○	○	○	○	○						
8	○	○	○	○	○						
9	○	○	○	○	○						
10	○	○	○	○	○						
11	○	○	○	○	○						
12	○	○	○	○	○						
13	○	○	○	○	○						
14	○	○	○	○	○						
15	○	○	○	○	○						
16	○	○	○	○	○						
17	○	○	○	○	○						
18	○	○	○	○	○						
19	○	○	○	○	○						
20	○	○	○	○	○						

1. Deux trains quittent la gare en même temps, dans la même direction. Le premier avance à une vitesse moyenne de 72 km/h et le deuxième à 52 km/h. Après 20 minutes, quelle est la distance entre les deux trains?

    a. 6.67 km
    b. 17.33 km
    c. 24.3 km
    d. 41.33 km

2. Le poids moyen de 13 des 15 étudiants dans une classe (deux d'entre eux étaient absents le jour de la pesée) est de 42 kg. Une fois les deux étudiants absents pesés, la moyenne passe à 42,7 kg. Si un des deux étudiants initialement absents pèse 48 kg, combien pèse l'autre?

    a. 44.7 kg
    b. 45.6 kg
    c. 47.4 kg
    d. 46.5 kg

3. Un panier contient des oranges. Après que 8/5 du nombre d'oranges aient été ajoutés au panier, celui-ci contient un total de 130 oranges. Combien d'oranges y avait-il dans le panier au départ?

    a. 50
    b. 60
    c. 40
    d. 35

4. Un magasin d'animaux de compagnie a réalisé des ventes de 19 304,56 $ en juin. Si le coût initial des produits vendus représente 5 284,34 $, le salaire des employés, 8 384,76 $ et le loyer du magasin, 2 920,00 $, quel est le profit enregistré par le magasin pour le mois de juin?

    a. 5,635.46 $
    b. 2,715.46 $
    c. 14,020.22 $
    d. 10,019.80 $

5. Une personne gagne un salaire de 25 000 $ par mois et verse 9 000 $ par année à l'impôt. Le gouvernement augmente le taux d'imposition de 0,5 % par mois, et le salaire mensuel de la personne augmente de 11 000 $. Quel montant d'impôt la personne paye-t-elle en plus chaque mois?

    a. 750 $
    b. 1,050 $
    c. 510 $
    d. 1,260 $

6. Une entreprise offre à ses clients un rabais de 12 % sur les prix de détail. Sur les achats de plus de 10 000 $ après rabais, les clients ont droit à un rabais additionnel de 3 %. Si un client a payé 13 500 $ (une fois tous les rabais appliqués), combien a-t-il économisé grâce à ces deux rabais?

    a. 1,725 $
    b. 2,073 $
    c. 2,225 $
    d. 2,315 $

7. Une mère a 7 fois l'âge de son enfant. Dans 25 ans, elle aura le double de l'âge de son enfant. Quel âge a la mère aujourd'hui?

    a. 35
    b. 33
    c. 30
    d. 25

8. Jean a reçu un rabais de 7 % sur l'achat d'un manteau. Il était membre d'un programme de fidélisation lui donnant droit à un rabais additionnel de 2 % sur le prix réduit. S'il a payé le manteau 425 $, quel en était le prix de détail original?

    a. 460 $
    b. 462 $
    c. 466 $
    d. 472 $

9. La superficie d'une pelouse carrée est de 62 500 mètres carrés. Combien en coûtera-t-il pour entourer cette pelouse d'une clôture à 5,5 $ du mètre?

    a. 4,000 $
    b. 5,500 $
    c. 4,500 $
    d. 5,000 $

10. M. Lebrun achète 5 cheeseburgers, 3 boissons gazeuses et 4 portions de frites pour sa famille, de même qu'un biscuit pour son chien. Si le prix de chaque article individuel est de 1,30 $ et qu'une taxe de 3,5 % s'ajoute à la transaction, combien le repas a-t-il coûté au total?

    a. 17.00 $
    b. 16.90 $
    c. 17.50 $
    d. 16.00 $

11. Quel sera le prochain nombre dans la suite suivante? 39, 28, 19, 12, 7, ...

    a. 1
    b. 4
    c. 0
    d. 2

12. Quel sera le prochain nombre dans la suite suivante? 2, 3, 5, 8, ...

    a. 13
    b. 10
    c. 9
    d. 15

13. Quel est le nombre manquant dans la suite suivante? 90, 85, ..., 75, 70.

    a. 70
    b. 82
    c. 80
    d. 78

14. Quelle est la lettre manquante dans la suite suivante? L, O, R, ..., X.

    a. S
    b. U
    c. T
    d. M

15. Quel sera le prochain nombre dans la suite suivante? 63, 57, 52, 48, ...

    a. 42
    b. 37
    c. 45
    d. 40

16. Étant donné la relation entre la suite de la rangée A et celle de la rangée B ci-dessous, quel est le nombre manquant?

A	5	20	100	3	24
B	20	80	400	12	?

    a. 96
    b. 48
    c. 64
    d. 66

17. Quelle sera la prochaine lettre dans la suite suivante? L, N, P, R, ...

    a. S
    b. T
    c. U
    d. V

18. Quel sera le prochain nombre dans la suite suivante? 3, 13, 22, 30, 37, ...

    a. 45
    b. 47
    c. 43
    d. 42

19. Quel est l'élément manquant dans la suite suivante?

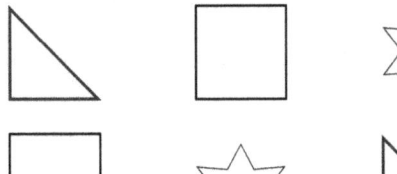

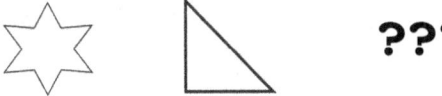

a. 　b. 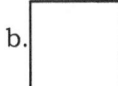　c.

20. Quels sont les éléments manquants dans la suite suivante?

+ * + * | * + * + | * * + * | + + _ _

    a. + *
    b. * *
    c. + +
    d. * +

21.

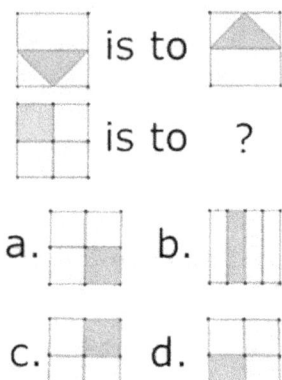

22.

☐ is to ⌐¬

⬠ is to ?

    a. ⌒   b. ╱⎺╲

    c. ╱╲   d. ⎣⎦

23.

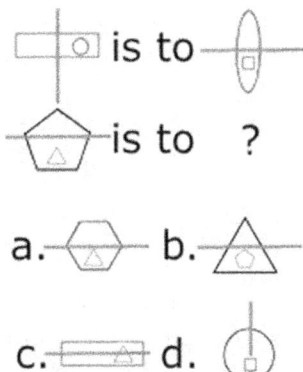

24.

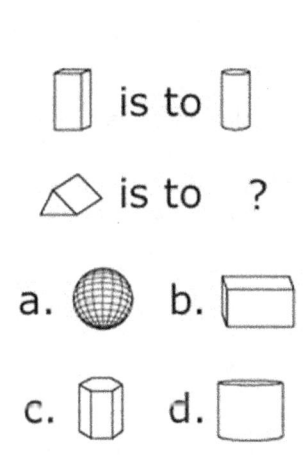

25.

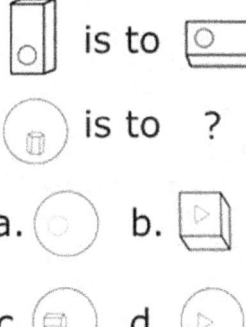

Feuille de Réponses

1. A
Distance parcourue par le premier train en en en

2. D
Le poids total de 13 étudiants dont le poids moyen est de 42 kg = 42•13 = 546 kg.

Le poids total des deux étudiants restants s'obtient en soustrayant le poids total des 13 étudiants de celui des 15 étudiants : 640.5 − 546 = 94.5 kg.

94.5 = poids total des deux étudiants restants. Si un de ces étudiants pèse 48 kg, alors le poids de l'autre = 94.5 − 48 = 46.5 kg.

3. A
Soit x, le nombre initial d'oranges dans le panier.
x + 8x/5 = 130
5x + 8x = 650 (multiplication des deux côtés par 5)
13x = 650
x = 650/13
Donc x = 50.

4. B
Total des coûts = 5 284,34 + 8 384,76 + 2 920,00 = 16 589,10.
Le profit représente les ventes moins les coûts :

19 304,56 $ − 16 589,10 $ = 2 715,46 $.

5. C
Si l'impôt annuel représente 9,000 $, alors l'impôt mensuel est 9,000 / 12 = 750 $.

La personne gagne 25 000 $ par mois et paye 750 $ à l'impôt. Nous devons trouver le taux d'imposition :

750 • 100 / 25,000 = 3 %

Le gouvernement augmente ce taux de 0.5 %, il passe donc à 3.5 %.

Le salaire mensuel de la personne a augmenté de 11,000 $, il est donc maintenant de 25,000 $ + 11,000 $ = 36,000 $.

Le versement mensuel d'impôt est maintenant de 36,000 $•3.5/100 = 1,260 $.

La différence de versement mensuel représente 1,260 $ 750 $ = 510 $.

6. D
Pour calculer le prix avant le rabais de 3 %, il faut résoudre l'équation 13 500 = 0,97x; x = 13 917,53. À partir de ce nombre, on peut ensuite trouver le prix avant le rabais de 12 % grâce à l'équation 13 917,53 = 0,88x; x = 15 815,37. On soustrait ensuite 13 500 $ à cette somme pour trouver le montant économisé : 2 315 $

7. A
La manière la plus simple de résoudre les problèmes d'âge est d'utiliser une table :

Mère Enfant

Maintenant 7x x

Dans 25 ans 7x + 25 X + 25

À l'heure actuelle, la mère a 7 fois l'âge de son enfant. Donc si l'enfant a x ans, sa mère a 7x ans. Dans 25 ans, chacun aura 25 ans de plus. On sait que dans 25 ans la mère aura deux fois l'âge de son enfant. Donc :

7x + 25 = 2(x + 25)

Il faut résoudre cette équation pour trouver x, l'âge de l'enfant.

7x + 25 = 2x + 50

7x − 2x = 50 − 25

5x = 25

x = 5

La mère a 7 fois l'âge x de l'enfant : 7x = 7 • 5 = 35 ans.

8. C

Supposons que le prix d'origine du manteau est 100x.

À 7 % de rabais, le rabais représente 100x • 7/100 = 7x. Le prix réduit correspond donc à 100x − 7x = 93x.

Le rabais additionnel de 2 % est appliqué sur ce prix, soit 93x • 2/100 = 1,86x. Le prix réduit une deuxième fois correspond donc à 93x − 1.86x = 91.14x.

Il s'agit du montant que Jean a payé pour acheter le manteau : 91.14x = 425.

x = 425 / 91.14 = 4.6631

Comme le prix du manteau correspond à 100x, 100x = 100 • 4.6631 = 466.31 $.

La réponse arrondie à l'entier le plus près est donc 466 $.

9. B
Comme la pelouse est carrée, la longueur d'un des côtés correspond à √62 500 = 250 mètres. Le périmètre est donc de 250 × 4 = 1000 mètres. Le coût total est donné par 1000 × 5.5 = 5 500 $.

10. C
Le prix est le même pour chaque article et il y a 13 articles au total, ce qui signifie que le coût total correspond à 13 x 1.3 = 16.90 $. Une fois ajoutée la taxe de 3,5 %, le total passe à 16.9 x 1.035 = 17.4915, soit 17.50 $.

11. B
Le deuxième terme correspond au premier moins 11, et l'écart diminue de 2 pour chaque terme subséquent. La réponse est 7 − (5 − 2) = 7 − 3 = 4.

39, [-11] 28, [-9] 19, [-7] 12, [-5] 7, [-3] 4

12. A
Chaque nombre représente la somme des deux nombres précédents.

13. C
Chaque terme correspond au terme précédent moins 5.

14. B

Deux lettres sont sautées entre chaque terme, U sera donc la prochaine

L, [M, N] O, [P, Q] R, [S, T] U, [V, W] X

15. C
Le deuxième terme a diminué de 6, et une unité de moins est soustraite à chaque terme suivant. La réponse est 48 – 3 = 45.

63 [-6] 57 [-5] 52 [-4] 48 [-3] 45

16. A
Le nombre de la colonne B est le quadruple du nombre de la colonne A.

17. B
Il manque une lettre entre chaque terme.

L, [M] N, [O] P, [Q] R, [S] T

18. C
L'écart entre les deux premiers termes est de 10. L'écart entre chaque paire de termes subséquente diminue de 1 (10, 9, 8, 7, 6 et ainsi de suite). La réponse est 37 + 6 = 43.

3, [+10] 13, [+9] 22, [+8] 30, [+7] 37, [+6] 43

19. B |
Il y a une translation d'une position vers la gauche à chaque nouvelle rangée. La figure sera donc un carré.

20. D
Les * et les + sont intervertis à chaque itération, individuellement ou en paires.

21. D
La relation est un renversement sur l'axe horizontal, la bonne réponse est donc D.

22. C
L'image recherchée est la même figure à laquelle il manque la moitié du bas.

23. D
La première paire est un rectangle dans lequel est inscrit un cercle qui se transforme en ovale dans lequel est inscrit un carré. La figure donnée pour la deuxième paire contient un triangle, la figure correspondante doit donc être le cercle contenant un carré.

24. B
La première paire montre deux figures verticales. La deuxième paire doit contenir deux figures horizontales, et B est le seul choix de figure horizontale.

25. C
La relation entre la première et la deuxième figure est une rotation de 90° vers la droite.

Méthodes de Résolution des Problèmes de Raisonnement Arithmétique

La plupart des étudiants trouvent les problèmes mathématiques sous forme d'énoncé difficiles. Il est plus facile de les aborder si on utilise une approche systématique comme celle décrite ci dessous.

Le conseil le plus important quand vient le temps d'étudier les problèmes sous forme d'énoncé est le suivant :

Il faut se pratiquer régulièrement et de manière systématique. Ça a l'air simple et facile, non? Eh bien oui, ça l'est, et ça marche vraiment.

Il y a une manière particulière de penser pour résoudre

des problèmes sous forme d'énoncé; ces problèmes exigent de transposer la description d'une situation du monde réel en termes mathématiques.

Certains enseignants de mathématiques vont jusqu'à dire que la principale raison d'enseigner les problèmes sous forme d'énoncé est d'apprendre aux élèves à penser de manière mathématique.

Alors, que veut-on dire par « pratiquer régulièrement et de manière systématique »? Cela signifie que l'étude des problèmes sous forme d'énoncé et des mathématiques en général exige un état d'esprit logique et mathématique. La seule façon d'y parvenir est de se pratiquer régulièrement, c'est à dire tous les jours.

Il est essentiel de se pratiquer avec des problèmes sous forme d'énoncé tous les jours pendant les cinq jours précédents l'examen au strict minimum.

Se pratiquer et sauter un jour signifie perdre l'état d'esprit mathématique et l'essentiel des acquis des pratiques antérieures. N'importe qui ayant une réelle expérience des mathématiques vous le dira : il faut se pratiquer chaque jour.

Chaque élément est important. L'autre chose essentielle à comprendre au sujet des problèmes sous forme d'énoncé est que chaque élément d'information fourni l'est pour une raison. Aucune information n'est superflue! Les problèmes sous forme d'énoncé comptent généralement environ 50 mots divisés en 1 à 3 phrases. Quand des relations parfois complexes doivent être expliquées en si peu d'espace, chaque mot compte. Assurez-vous d'utiliser tous les éléments d'information.

Les 9 étapes suivantes vous aideront à résoudre les problèmes sous forme d'énoncé.

Étape 1 – Lisez le problème au moins trois fois. La première lecture devrait être un survol rapide, et les deux suivantes devraient être faites lentement en tentant de trouver les réponses à ces questions importantes :

Quelle est la question posée par le problème? Cette

information se trouve habituellement vers la fin de l'énoncé.

Que suppose le problème? Il s'agit généralement d'un élément qu'on vous a invité à prendre en note.

Notez tous les renseignements fournis et soulignez les mots ou les phrases importantes.

Étape 2 – Essayez de représenter le problème graphiquement, par exemple en utilisant un cercle avec une flèche pour indiquer un déplacement. Cela aidera à concrétiser le problème et à lui donner un sens.

Un problème sous forme d'énoncé classique suit un format du genre « 1 train quitte la gare A et voyage à une vitesse de 100 km/h, alors qu'un autre train quitte la gare B à une vitesse de 60 km/h. [...]

Dessinez une droite, les deux gares et les deux trains aux extrémités pour vous aider à vous représenter la situation.

Étape 3 – Utilisez les renseignements fournis pour créer une table dans laquelle des cases vides montrent les renseignements que vous avez à déterminer.

Étape 4 – Attribuez une lettre à chaque donnée inconnue de votre table. Vous pouvez prendre en note l'inconnue représentée par chaque lettre pour éviter d'attribuer vos réponses à la mauvaise inconnue, étant donné que les problèmes sous forme d'énoncé peuvent faire intervenir de nombreuses inconnues et que vous devrez utiliser des équations pour résoudre chacune.

Étape 5 – Transposez les mots de l'énoncé en équation mathématique algébrique. N'oubliez pas que la principale difficulté des problèmes sous forme d'énoncé est qu'ils ne sont pas exprimés sous forme d'équations mathématiques habituelles. C'est votre aptitude à identifier correctement les variables et à traduire l'énoncé en équation qui détermine votre aptitude à résoudre le problème.

Étape 6 – Vérifiez l'équation pour vous assurer qu'elle a l'air normale et logique compte tenu des équations que vous êtes habitué d'utiliser. Est-ce que l'équation semble correspondre aux renseignements dont il est question? Prenez note que vous pourriez avoir à réécrire certaines formules dont vous aurez besoin pour résoudre l'équation du problème. Par exemple, les problèmes sous forme d'énoncé portant sur la distance pourraient exiger de réécrire la formule de la distance (distance = temps x vitesse). S'il vous faut trouver le temps, vous devrez utiliser distance / vitesse, et distance / temps permet de trouver la vitesse. Si vous avez compris l'énoncé, vous devriez être capable de déterminer la variable qu'on vous demande de trouver.

Étape 7 – Utilisez l'algèbre pour résoudre l'équation dérivée. N'oubliez pas que les lois des équations exigent que les opérations effectuées sur un côté de l'équation soient aussi effectuées de l'autre côté. Vous devez essayer d'isoler la variable inconnue. Lorsqu'il y a plusieurs inconnues, vous devrez avoir recours à des méthodes d'élimination ou de substitution pour résoudre toutes les équations.

Étape 8 – Vérifiez vos réponses pour vous assurer qu'elles sont réalistes étant donné les renseignements fournis dans le problème. Par exemple, si le problème porte sur un rabais, le prix final devrait être moins élevé que le produit initial et s'il s'agit d'un problème de taxation, le prix final devrait être plus élevé que le prix initial.

Étape 9 – Contrevérifiez vos réponses en les substituant aux inconnues dans l'équation initiale. Si votre réponse est bonne, l'équation devrait être vraie, c'est à dire que les deux côtés donneront le même résultat. Si votre réponse n'est pas bonne, vous n'avez peut-être pas utilisé la bonne équation ou vous avez peut-être fait une erreur en tentant de la résoudre. Révisez votre démarche pour trouver l'erreur.

Types de problèmes de raisonnement arithmétique

Il existe 12 types de problèmes de raisonnement arithmétique. Des exemples de chacun sont fournis ci dessous, y compris leur solution. Certains types de problèmes sous forme d'énoncé peuvent être résolus rapidement grâce à des stratégies pour les questions à choix multiples, mais ce n'est pas toujours le cas. Essayez toujours d'estimer la réponse et voyez si vous pouvez éliminer certains des choix offerts.

1. Problèmes d'âge

Une fille a 10 ans de plus que son frère. Dans un an, elle aura deux fois l'âge de son frère. Quels âges ont-ils maintenant?

   a. 25, 15
   b. 19, 9
   c. 21, 11
   d. 29, 19

Solution : B

Attribuons la variable a à l'âge de la fille et la variable b à l'âge de son frère. Selon les renseignements donnés dans la première phrase,

$a = 10 + b$

Dans un an, la fille aura deux fois l'âge de son frère, ce qui signifie que

$a + 1 = 2(b+1)$

Il faut isoler une des inconnues, puis l'utiliser pour trouver l'autre. Nous allons donc remplacer a dans la deuxième équation par la valeur de a dans la première équation. Ainsi :

$10 + b + 1 = 2b + 2$

$11 + b = 2b + 2$

$11 - 2 = 2b - b$

$b = 9$

$9 = b$, ce qui signifie que le frère a 9 ans.

On peut alors facilement résoudre la première équation

pour trouver l'âge de la fille :

a = 10 + 9

a = 19. Donc la fille a 19 ans et le garçon a 9 ans.

2. Problèmes de distance ou de vitesse

Deux bateaux se dirigent vers la même destination sur une rivière et partent en même temps. Un des bateaux va à 52 km/h et l'autre à 43 km/h. Quelle sera la distance entre les deux bateaux après 40 minutes?

   a. 46.67 km

   b. 19.23 km

   c. 6.4 km

   d. 14.39 km

Solution : C

Après 40 minutes, le premier bateau aura parcouru 52 km/h x 40 minutes/60 minutes = 34,7 km.

Après 40 minutes, le deuxième bateau aura parcouru 43 km/h x 40/60 minutes = 28,66 km

La distance entre les bateaux sera 34,7 km – 28,66 km = 6,04 km.

Stratégie pour les questions à choix multiples

Commencez par estimer la réponse. Le premier bateau parcourt 9 km de plus par heure que le deuxième, et ils se déplacent pendant 40 minutes, soit le 2/3 d'une heure. 9 x 2/3 = 6, ce qui donne une estimation de la distance entre les bateaux.

On peut donc éliminer d'emblée les réponses A, B et D.

3. Problèmes de rapports

Les instructions dans un livre de recettes disent de mélanger 700 grammes de farine à 100 ml d'eau, et d'y ajouter 0.90 gramme de sel. Cependant, le cuisinier n'a que 325 grammes de farine. Quelle quantité d'eau et de sel devrait-il utiliser?

    a. 0.41 gramme et 46.4 ml
    b. 0.45 gramme et 49.3 ml
    c. 0.39 gramme et 39.8 ml
    d. 0.25 gramme et 40.1 ml

Solution : A

Le livre de recettes dit d'utiliser 700 g de farine, mais le cuisinier n'en a que 325. La première étape consiste à déterminer le pourcentage de la quantité prescrite dont il dispose : 325/700 x 100 = 46,4 %.

Il faut donc utiliser 46,4 % de la quantité indiquée pour tous les autres ingrédients.

46.4 % de 100 = 46.4 ml d'eau

46.4 % de 0,90 = 0.41 g de sel.

Stratégie pour les questions à choix multiples

La recette indique d'utiliser 700 g de farine, mais le cuisinier en a 325. Il s'agit d'un peu moins de la moitié, donc les quantités d'eau et de sel seront aussi réduites d'à peu près la moitié.

Les réponses C et D peuvent être éliminées d'emblée. Les réponses A et B sont très proches, donc il faut faire attention. Il faut remarquer que B correspond exactement à la moitié, alors que 325 est un peu moins que la moitié de 700, donc B ne peut pas être la bonne réponse.

4. Problèmes de pourcentages

Un agent immobilier reçoit une commission de 6 685 $ sur la vente d'une propriété. Si sa commission représente 13 % du prix de vente, quel était le prix de la propriété?

    a. 68 825 $
    b. 121 850 $
    c. 49 025 $
    d. 51 423 $

Solution : D

Soit le prix x de la propriété

Selon les renseignements fournis, 13 % de x = 6 685. Il suffit de résoudre l'équation :

x = 6685 x 100/13 = 51 423 $.

Stratégie pour les questions à choix multiples

À 13 %, la commission est juste au-dessus de 10 %, ce qui est plus facile à utiliser. On peut arrondir 6 685 $ à 6 700 $ et multiplier par 10 pour estimer la réponse. 10 X 6 700 = 67 000. Vous pouvez faire ce calcul dans votre tête. La réponse B est bien trop élevée et peut être éliminée. La réponse C est trop basse et peut l'être aussi. Il reste A et D qui sont des réponses raisonnables.

Faites le calcul pour trouver la réponse exacte.

5. Problèmes de ventes et de profits

Le propriétaire d'un magasin achète pour 21 045 $ de marchandises. Il paye 3 905 $ pour les transporter et 1 450 $ pour les faire mettre sur les étagères par ses employés. À supposer que ce sont les seuls coûts qu'il doit assumer, à quel prix doit-il vendre les marchandises pour réaliser un profit de 5 000 $?

    a. 32 500 $
    b. 29 350 $
    c. 32 400 $
    d. 31 400 $

Solution : D

Le coût total des marchandises correspond à 21 045 $ + 3 905 $ + 1 450 $ = 26,400 $.

Pour réaliser le profit souhaité, il faut vendre les marchandises 26,400 $ + 5,000 $ = 31,400 $.

Stratégie pour les questions à choix multiples

Arrondissez les nombres et additionnez les rapidement dans votre tête. 21 000 + 4 000 + 1 500 = 26 500. Avec le profit de 5 000 on obtient un total de 31 500.

La réponse B est trop petite et les réponses C et A sont trop grandes, il ne reste donc que D.

6. Problèmes de taxation ou de revenu

Une femme gagne 42 000 $ par mois et paie 5 % d'impôt sur son revenu mensuel. Si le gouvernement augmente le montant qu'elle paie en impôt de 1 500 $ par mois, quel sera son revenu net?

  a. 38 400 $
  b. 36 050 $
  c. 40 500 $
  d. 39 500 $

Solution : A

L'impôt sur le revenu initial correspondait à 5/100 x 42 000 = 2 100 $. 1 500 $ s'ajoutent à cet impôt, ce qui donne 2 100 $ + 1 500 $ = 3 600 $.

Le revenu net est donc 42 000 $ − 3 600 $ = 38 400 $.

7. Problèmes d'intérêts

Un homme place 3 000 $ dans un dépôt à terme d'une durée de 2 ans à 3 % d'intérêt annuel. À combien s'élèvera le placement à la fin du terme de 2 ans?

  a. 5,200 $
  b. 3,020 $
  c. 3,182.70 $
  d. 3,000 $

Solution : C

Il s'agit d'un problème d'intérêts composés. Les fonds sont placés pendant 2 ans et l'intérêt est versé annuellement, donc des intérêts doivent être calculés sur le montant d'intérêts versé la première année.

Intérêts de 3 % la première année : 3/100 x 3,000 = 90 $.

Total du placement à la fin de la première année : 3,000 + 90 = 3,090 $.

Intérêts la deuxième année : 3/100 x 3,090 = 92.7.

Total du placement à la fin de la deuxième année = 3,090 $ + 92.7 $ = 3,182.70 $

8. Problèmes de moyennes

Les 10 livres d'une pile ont un poids moyen de 54 g chacun. Deux livres sont ajoutés à la pile et le poids moyen passe à 55.4 g. Si un des deux nouveaux livres pèse 62.8 g, combien pèse l'autre?

    a. 44.7 g

    b. 67.4 g

    c. 62 g

    d. 52 g

Solution : C

Le poids total des 10 livres dont le poids moyen est 54 g donne 10 × 54 = 540 g.

Le poids total des douze livres dont le poids moyen est 55.4 g donne 55.4 × 12 = 664.8 g.

Le poids combiné des deux nouveaux livres est donc 664,8 − 540 = 124.8 g.

Si un des deux livres pèse 62.8 g, l'autre doit peser 124.8 g − 62.8 g = 62 g.

Stratégie pour les questions à choix multiples

Les problèmes de moyenne peuvent être résolus en estimant la tendance de la moyenne. Si la moyenne augmente après que de nouveaux éléments soient ajoutés, les nouveaux éléments doivent être au dessus de la moyenne. Si la moyenne diminue, les nouveaux éléments doivent être en dessous de la moyenne.

Dans l'exemple, la moyenne est de 54 g et elle passe à 55,4 g après l'ajout de deux livres, donc les nouveaux livres doivent peser plus de 54 g.

Les réponses A et D peuvent être éliminées d'emblée.

9. Problèmes de probabilités

Un sac contient 15 billes de couleurs variées. Si 3 des billes sont blanches, 5 des billes sont rouges et les autres sont noires, quelle est la probabilité de piger une bille noire dans le sac?

   a. 7/15
   b. 3/15
   c. 1/5
   d. 4/15

Solution : A

Nombre total de billes : 15.

Nombre de billes noires : 15 − (3 + 5) = 7. Probabilité de piger une bille noire : 7/15.

10. Problèmes à deux inconnues

Une entreprise a payé un total de 2 850 $ pour réserver 6 chambres simples et 4 chambres doubles dans un hôtel pour une nuit. Une autre entreprise a payé 3 185 $ pour réserver 13 chambres simples dans le même hôtel pour une nuit. Combien coûtent les chambres simples et les chambres doubles dans cet hôtel?

   a. simple = 250 $; double = 345 $
   b. simple = 254 $; double = 350 $
   c. simple = 245 $; double = 305 $
   d. simple = 245 $; double = 345 $

Solution : D

Les renseignements de la deuxième entreprise permettent de déterminer le prix d'une chambre simple. Si 13 chambres simples coûtent 3 185 $, alors 1 chambre simple coûte 3185 / 13 = 245 $.

La première entreprise a réservé 6 chambres simples à 245 $ chacune : 245 x 6 = 1 470 $.

Montant total payé par la première entreprise pour 4 chambres doubles : 2,850 $ − 1,470 $ = 1,380 $.

Coût d'une chambre double : 1,380 / 4 = 345 $.

11. Problèmes géométriques

La longueur d'un rectangle fait 5 po de plus que sa largeur. Le périmètre du rectangle mesure 26 po. Quelles sont la largeur et la longueur du rectangle?

    a. largeur = 6 po; longueur = 9 po
    b. largeur = 4 po; longueur = 9 po
    c. largeur = 4 po; longueur = 5 po
    d. largeur = 6 po; longueur = 11 po

Solution : B

La formule du périmètre d'un rectangle est $2(L + l)$.

Si $p = 26$, alors $2(L+l) = p$.

La longueur est plus grande que la largeur de 5 po, donc :

$2(l+5) + 2l = 26$

$2l + 10 + 2l = 26$

$2l + 2l = 26 − 10$

$4l = 16$

$l = 16/4 = 4$ po

L fait 5 po de plus que l, donc L = 5 + 4 = 9 po.

12. Problèmes de sommes et de fractions

Un panier contient 125 oranges, mangues et pommes. Si 3/5 des fruits dans le panier sont des mangues et que seulement 2/5 des mangues sont mûres, combien y a t il de mangues mûres dans le panier?

    a. 30
    b. 68
    c. 55
    d. 47

Solution : A

Nombre de mangues dans le panier : 3/5 x 125 = 75.

Nombre de mangues mûres : 2/5 x 75 = 30.

Tutoriel sur les suites

La résolution des suites est une question d'aptitude à reconnaître les motifs, et la meilleure façon de s'améliorer est de se familiariser avec les différents types de suite et de se pratiquer. Voici un exemple typique :

Quel est le nombre manquant dans la suite suivante?

26, 21, ..., 11, 6.

    a. 27
    b. 23
    c. 16
    d. 29

Un examen attentif révèle que 5 unités sont soustraites entre chaque terme; le nombre manquant est donc 16.

Cette suite peut être réécrite en notation mathématique sous la forme a1, a2, a3, ... an, où n est un entier et an est le nième terme. On peut aussi écrire la suite sous forme de formule dans laquelle un entier se substitue à la variable pour obtenir les termes.

Par exemple, dans la suite 5, 10, 15, 20, ...

Dans cette suite, an = 5n. La formule est donc an = 5n.

Le nième terme de la suite peut être obtenu en remplaçant simplement n dans la formule. Par exemple, pour trouver le 100e terme de la suite, il suffit de remplacer n par 100 dans la formule pour obtenir 500.

Types de suites numériques

1. Addition ou soustraction simples – chaque nombre de la suite est obtenu en ajoutant un nombre au nombre précédent.

Par exemple : 2, 5, 8, 11, 14.

Chaque nombre de la suite s'obtient en additionnant 3 au nombre précédent. La formule de cette suite est an + 1 = an + 3.

2. Multiplication simple – chaque nombre de la suite résulte de la multiplication du nombre précédent par un entier ou une fraction.

Par exemple : 3, 6, 18, 54

ou

20, 10, 5, 2,5

Dans le premier exemple, chaque nombre correspond au nombre précédent multiplié par 3, ce qui correspond à la formule an+1 = an x 3.

Dans le deuxième exemple, chaque nombre correspond au nombre précédent divisé par 2 (ou multiplié par 1/ 2), c'est à dire que an+1 = an x 1/2.

3. Nombres premiers – chaque nombre de la suite est un nombre premier.

Par exemple :

23, ... , 31, 37 Réponse : 29

4. Opérations faisant intervenir les deux nombres précédents

Par exemple :

8, 14, 22, 36, 58

Dans cet exemple, chaque terme correspondant à la somme des deux nombres précédents.

5. Exposants

Chaque terme correspond au terme précédent au carré ou au cube.

Par exemple, dans la suite ci dessous chaque terme correspond au terme précédent au carré :

3, 9, 81, 6561

6. Suites combinées

2, 7, 13, 20, 28, 37

Dans cet exemple, la suite commence par 2, chaque terme suivant est le résultat d'une addition dont la quantité est une suite commençant par 5. 2 + 5 = 7, 7 + 6 = 13, 13 + 7 = 20 et ainsi de suite.

On peut voir des variantes où un élément de la suite se répète, par exemple :

1, 2, 3, 5, 7, 9, 12, 15

Dans ce cas, les opérations successives sont +1, +1, +1, +2, +2, +2, +3, +3, etc.

7. Fractions

Par exemple :

16/4, 4/2, 2/2, 1/2

Les suites avec fraction peuvent être déroutantes. Si vous ne voyez pas de rapport évident entre les termes, essayez de simplifier les fractions ou de les exprimer en nombres entiers. Dans l'exemple, une simplification donne

4, 2, 1, 1/2

On peut constater immédiatement que chaque terme est la moitié du terme précédent. Le prochain nombre dans la suite sera donc 1/4.

Dans cet exemple, la réponse est restée une fraction, mais dans certains cas il se peut que vous ayez à simplifier les fractions pour repérer le rapport entre elles, puis que vous ayez à reconvertir la réponse pour l'exprimer sous la forme appropriée.

Stratégie pour trouver les réponses aux suites

Voici une méthode rapide qui vous aidera à trouver la solution des suites numériques.

Par exemple :

2, 5, 6, 7, 8,

Étape 1 – Faites un premier survol de la suite pour voir si vous pouvez repérer le motif immédiatement.

Étape 2 – Commencez à analyser la suite méthodiquement.

Examinez la différence entre les deux premiers termes et les deux termes suivants.

2, (+3) 5, (+1) 6, (+1) 7, (+1) 8,

Cette analyse initiale ne révèle pas de motif simple. La relation n'est pas une addition, une soustraction, une multiplication, une division, une fraction ou un exposant.

Le rapport entre les termes doit donc être plus complexe ou constituer une deuxième suite.

Prenez ensuite le rapport entre le 1er et le 2e terme et comparez-le à celui entre le 1er et le 3e terme. On peut constater que 1er + 3 = 5, 1er + 4 = 6. Voilà! Le nombre 2 est simplement additionné à la suite 3, 4, 5, 6. Le prochain nombre sera donc 2 + 7 = 9.

Aptitudes Spatiales (AS)

CETTE SECTION CONTIENT UN TUTORIEL SUR L'AUTOÉVALUATION ET LES APTITUDES SPATIALES. Les tutoriels ont pour but de vous faire découvrir les principaux généraux tandis que l'autoévaluation contient des questions générales analogues aux questions sur les aptitudes spatiales que vous trouverez vraisemblablement dans l'examen TAFC, mais qui ne sont pas identiques aux questions de l'examen. Si vous ne comprenez pas certains éléments du tutoriel ou que vous trouviez ce dernier difficile, nous vous recommandons de demander d'autres instructions.

Autoévaluation des Aptitudes Spatiales

Le but de l'autoévaluation est :

- de déterminer vos points forts et vos faiblesses.
- de vous habituer à la présentation du TAFC.
- de fournir un exercice supplémentaire – les autoévaluations sont pratiquement une troisième épreuve pratique complète!

Étant donné qu'il s'agit d'une autoévaluation, et selon votre niveau d'assurance à l'égard des aptitudes spatiales, la durée est facultative. Le TAFC comporte 15 questions sur les aptitudes spatiales auxquelles il faut répondre en l'espace de quinze minutes. L'autoévaluation compte 10 questions, de sorte que vous devez compter environ 10 minutes pour procéder à cette évaluation.

L'autoévaluation est conçue de manière à vous donner un score de référence dans les différents domaines dont il est question. Voici un bref aperçu du rapport entre la note obtenue à l'autoévaluation et votre compréhension des éléments.

Réponses à l'autoévaluation sur les aptitudes spatiales

	A	B	C	D
1	○	○	○	○
2	○	○	○	○
3	○	○	○	○
4	○	○	○	○
5	○	○	○	○
6	○	○	○	○
7	○	○	○	○
8	○	○	○	○
9	○	○	○	○
10	○	○	○	○

75 % – 100 %	Excellent. vous maîtrisez parfaitement le contenu.
50 % – 75 %	Bien. Vous avez une connaissance pratique du contenu. Même si vous pouvez sauter cette section, peut-être voudrez-vous revoir les tutoriels et vous livrer à une pratique supplémentaire pour déterminer si vous arriver à obtenir une meilleure note.
25 % – 50 %	Sous la moyenne. Vous comprenez mal les problèmes. Examinez les tutoriels, et subissez à nouveau ce questionnaire dans quelques jours, avant de passer au reste du guide d'étude.
Moins de 25 %	Médiocre. Vous avez une compréhension très limitée des problèmes. Veuillez revoir les tutoriels et subir à nouveau ce questionnaire dans quelques jours, avant de passer au reste du guide d'étude.

Les questions ci-dessous ne sont pas identiques à celles que vous trouverez dans le TAFC – cela serait trop facile! Personne ne sait quelles seront les questions, car elles changent sans cesse. Vous trouverez ci-après des questions générales sur les aptitudes spatiales. Ainsi, même si la présentation et le libellé exact des questions peuvent légèrement différer et changer d'une année à l'autre, si vous arrivez à répondre aux questions ci-dessous, vous n'aurez aucun problème avec la section sur les aptitudes spatiales du TAFC.

1. Lorsque les deux côtés les plus longs se touchent, quelle sera la figure?

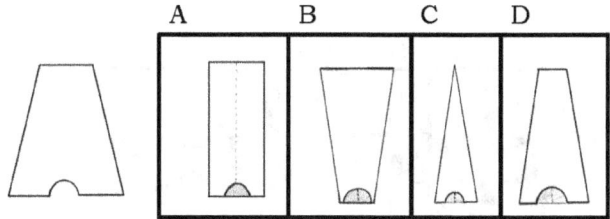

2. Une fois plié, quel motif est possible?

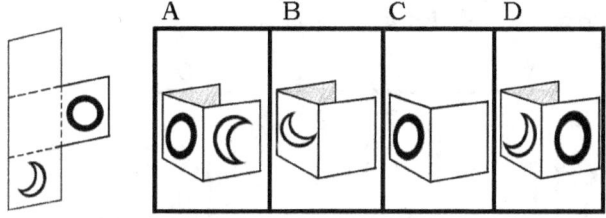

3. Une fois replié en boucle, à quoi ressemblera la bande de papier?

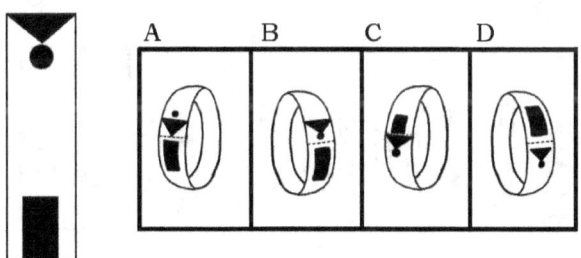

4. Parmi les choix, quel est le même motif vu sous un angle différent?

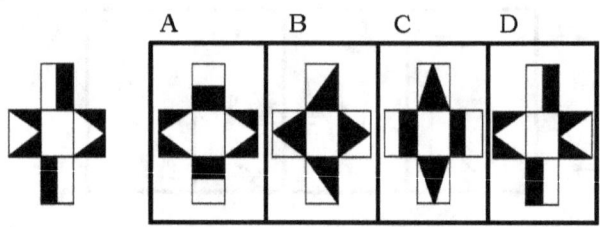

5. Une fois regroupés ensemble, quelle figure tridimensionnelle obtiendrez-vous?

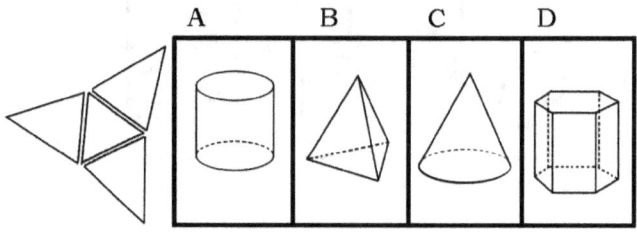

6. Une fois replié, quel motif est possible?

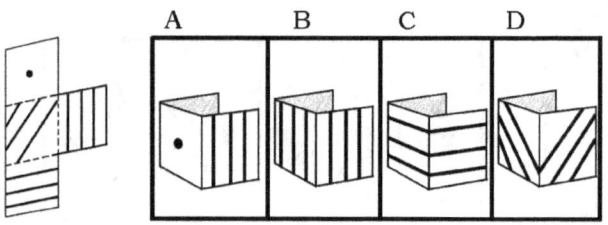

7. Une fois replié en boucle, à quoi ressemblera la bande de papier?

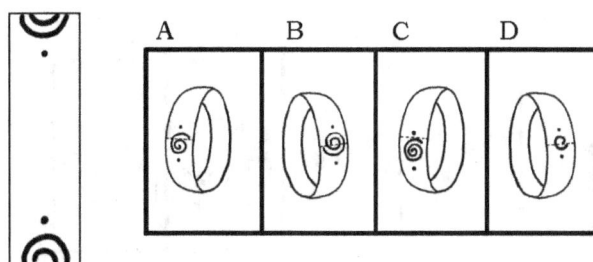

8. Une fois replié en boucle, à quoi ressemblera la bande de papier?

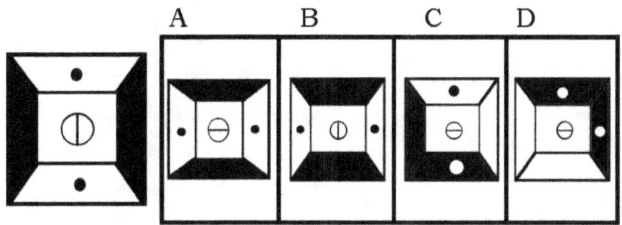

9. Une fois replié, quelle figure obtiendrez-vous?

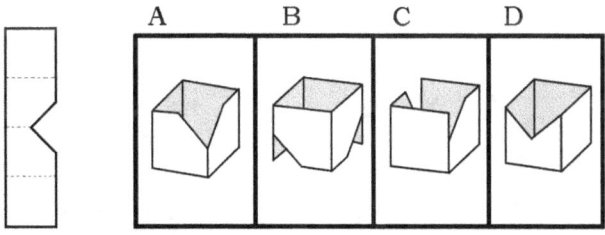

10. Une fois replié, quel motif est possible?

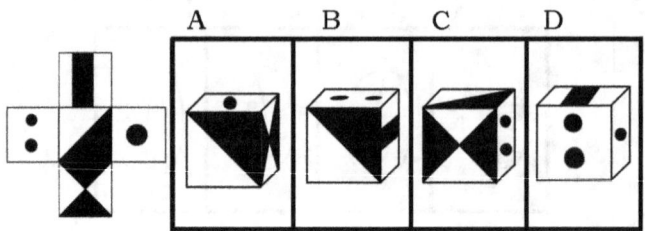

Feuille de Réponses

1. D
2. B
3. C
4. B
5. B
6. C
7. B
8. A
9. A
10. A

Test de Pratique 1

LA PORTION DU TEST DE PRATIQUE PRÉSENTE DES QUESTIONS REPRÉSENTATIVES DES TYPES DE QUESTIONS QUE VOUS POUVEZ VOUS ATTENDRE À TROUVER DANS LE TAFC. Les questions ci-dessous ne sont pas les mêmes que celles que vous trouverez dans le TAFC – cela serait trop facile! Et personne ne sait quelles seront les questions, car elles changent sans cesse. Vous trouverez ci-dessous des questions générales qui traitent des mêmes éléments que le TAFC. Ainsi, même si la présentation et le libellé exact des questions peuvent légèrement différer, et changer d'une année à l'autre, si vous arrivez à répondre aux questions ci-après, vous n'aurez aucun problème avec le TAFC.

Pour obtenir les meilleurs résultats, prenez les questions du test de pratique comme s'il s'agissait de l'examen réel. Réservez du temps quand vous savez que vous ne serez pas dérangé et un endroit tranquille exempt de distractions. Lisez attentivement les instructions, lisez soigneusement chaque question et répondez du mieux que vous pouvez.

Utilisez les feuilles de réponses fournies. Lorsque vous aurez répondu à toutes les questions du test de pratique, vérifiez vos réponses par rapport aux réponses et lisez les explications fournies.

Feuille de Réponses - Compétences Verbales

	A	B	C	D	E		A	B	C	D	E
1	○	○	○	○	○	21	○	○	○	○	○
2	○	○	○	○	○	22	○	○	○	○	○
3	○	○	○	○	○	23	○	○	○	○	○
4	○	○	○	○	○	24	○	○	○	○	○
5	○	○	○	○	○	25	○	○	○	○	○
6	○	○	○	○	○	26	○	○	○	○	○
7	○	○	○	○	○	27	○	○	○	○	○
8	○	○	○	○	○	28	○	○	○	○	○
9	○	○	○	○	○	29	○	○	○	○	○
10	○	○	○	○	○	30	○	○	○	○	○
11	○	○	○	○	○						
12	○	○	○	○	○						
13	○	○	○	○	○						
14	○	○	○	○	○						
15	○	○	○	○	○						
16	○	○	○	○	○						
17	○	○	○	○	○						
18	○	○	○	○	○						
19	○	○	○	○	○						
20	○	○	○	○	○						

Feuille de Réponses - D'aptitudes Spatiales

	A	B	C	D
1	○	○	○	○
2	○	○	○	○
3	○	○	○	○
4	○	○	○	○
5	○	○	○	○
6	○	○	○	○
7	○	○	○	○
8	○	○	○	○
9	○	○	○	○
10	○	○	○	○
11	○	○	○	○
12	○	○	○	○
13	○	○	○	○
14	○	○	○	○
15	○	○	○	○

Feuille de Réponses – Résolution de Problèmes

	A	B	C	D	E			A	B	C	D	E
1	○	○	○	○	○		21	○	○	○	○	○
2	○	○	○	○	○		22	○	○	○	○	○
3	○	○	○	○	○		23	○	○	○	○	○
4	○	○	○	○	○		24	○	○	○	○	○
5	○	○	○	○	○		25	○	○	○	○	○
6	○	○	○	○	○		26	○	○	○	○	○
7	○	○	○	○	○		27	○	○	○	○	○
8	○	○	○	○	○		28	○	○	○	○	○
9	○	○	○	○	○		29	○	○	○	○	○
10	○	○	○	○	○		30	○	○	○	○	○
11	○	○	○	○	○							
12	○	○	○	○	○							
13	○	○	○	○	○							
14	○	○	○	○	○							
15	○	○	○	○	○							
16	○	○	○	○	○							
17	○	○	○	○	○							
18	○	○	○	○	○							
19	○	○	○	○	○							
20	○	○	○	○	○							

1. SUCCULENT est synonyme de

    a. ennuyeux
    b. aventurier
    c. sucré
    d. savoureux

2. EXPLIQUER est synonyme de

    a. décider
    b. concevoir
    c. interpréter
    d. examiner

3. GRÉGAIRE est synonyme de

    a. triste
    b. sociable
    c. aimant
    d. drôle

4. HÉSITANT est synonyme de

    a. désireux
    b. contestable
    c. impatient
    d. heureux

5. LUCIDE est synonyme de

    a. sombre
    b. clair
    c. mémorable
    d. facile

6. PARTICULIER est synonyme de

   a. nouveau
   b. étrange
   c. Imaginatif
   d. drôle

7. VIVANT est synonyme de

   a. séduisant
   b. abondant
   c. varié
   d. vif

8. APPARENCE est synonyme de

   a. personnalité
   b. aspect
   c. attitude
   d. ambition

9. CONFUS est le contraire de

   a. contrarié
   b. honteux
   c. éclairé
   d. inconnu

10. COLLABORATION est le contraire de

   a. sans coordination
   b. coordination
   c. combinaison
   d. encouragement

11. ILLICITE est le contraire de

   a. illégal
   b. légal
   c. anonyme
   d. trompeur

12. STÉRILE est le contraire de

   a. sale
   b. alcoolique
   c. ivre
   d. drogué

13. MYRIADE est le contraire de

   a. nombreux
   b. plusieurs
   c. quelques
   d. plein

14. PESSIMISTE est le contraire de

   a. optimiste
   b. jovial
   c. joyeux
   d. délibéré

15. PLACIDE est le contraire de

   a. chaotique
   b. confus
   c. Paisible
   d. silencieux

16. ROBUSTE est le contraire de

a. fort
b. gentil
c. rude
d. fragile

17. IMPORTUN signifie

a. trouver une occasion
b. demander tout le temps
c. ne pas trouver d'occasion
d. rien de ce qui précède

18. VOLATILE signifie

a. non explosif
b. prend feu facilement
c. ne prend pas feu
d. explosif

19. TRISTE signifie

a. heureux
b. mélancolique
c. fragile
d. simple

20. LIEN signifie

a. une liaison
b. un commutateur téléphonique
c. une pièce d'ordinateur
d. rien de ce qui précède

21. INHÉRENT signifie

   a. recevoir de l'argent dans un testament
   b. une partie indispensable de
   c. recevoir de l'argent d'un testament
   d. rien de ce qui précède

22. MALADROIT signifie

   a. vite
   b. rapide
   c. lent
   d. violent

23. GRÉGAIRE signifie

   a. sociable
   b. introverti
   c. grand
   d. solitaire

24. Un NID est à un OISEAU ce qu'une GROTTE est à

   a. un ours
   b. un pétale
   c. une maison
   d. un chien

25. Un PROFESSEUR est à une ÉCOLE ce qu'une SERVEUSE est à

   a. un bureau
   b. une cafétéria
   c. un client
   d. un élève

26. Un GALET est à un ROC ce qu'une MARRE est à

    a. un océan
    b. un cours d'eau
    c. une goutte
    d. des rapides

27. Un CANICHE est à un CHIEN ce qu'un REQUIN est à

    a. un grand requin blanc
    b. un dauphin
    c. une baleine
    d. un poisson

28. Un RENARD est à un POULET ce qu'un CHAT est à

    a. un lapin
    b. une souris
    c. un chat
    d. une poule

29. Un AVOCAT est à un PROCÈS ce qu'un MÉDECIN est à

    a. un patient
    b. un homme d'affaires
    c. une opération
    d. une infirmière

30. Le GRAS est à un REPAS ce que la RESPIRATION est à

    a. l'inhalation
    b. la vie
    c. une boisson
    d. la parole

Partie II – Aptitudes spatiales (AS)

1. Une fois plié, quelle figure est possible?

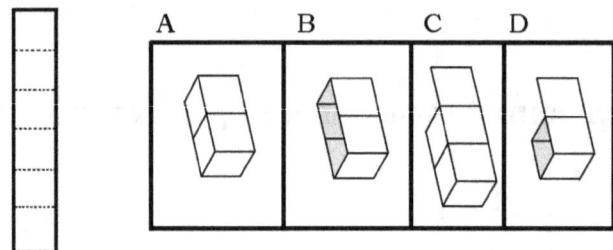

2. Une fois plié, quel motif est possible?

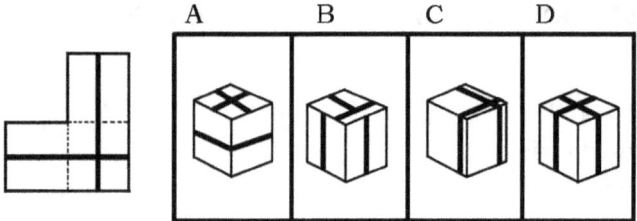

3. Une fois replié en boucle, à quoi ressemblera la bande de papier?

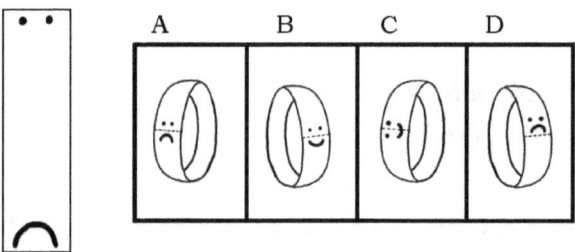

4. Parmi les choix suivants, quel est le même motif vu sous un angle différent?

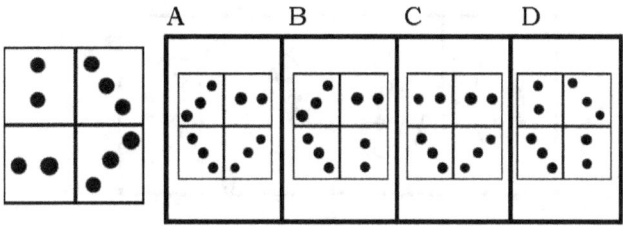

5. Une fois replié le long des lignes pointillées, quelle figure obtiendrez-vous?

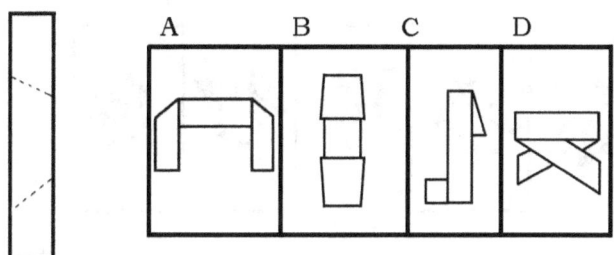

6. Une fois replié, quel motif est possible?

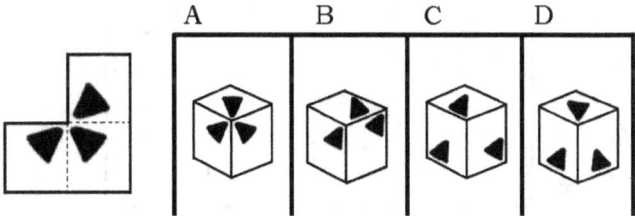

7. Une fois replié en boucle, à quoi ressemblera la bande de papier?

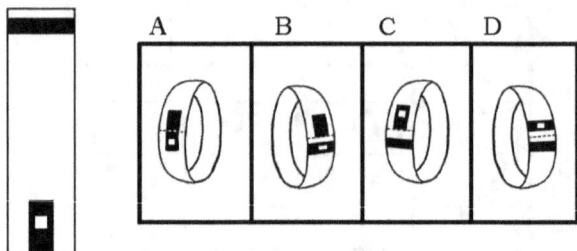

8. Parmi les choix suivants, quel est le même motif vu sous un angle différent?

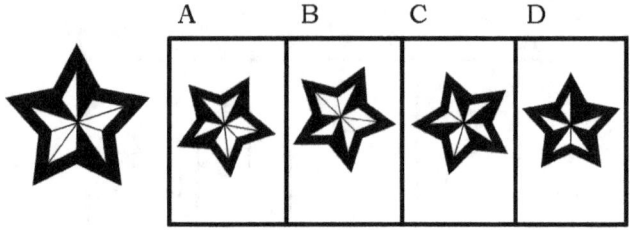

9. Une fois replié le long de la ligne pointillée, quelle figure obtiendrez-vous?

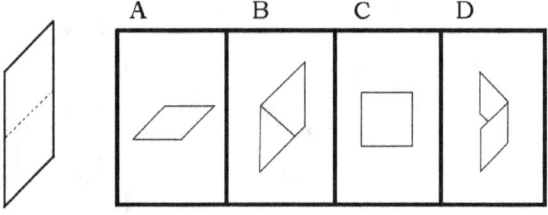

10. Une fois replié, quel motif est possible?

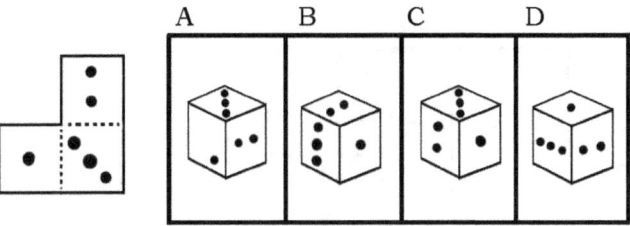

11. Une fois replié, quel motif est possible?

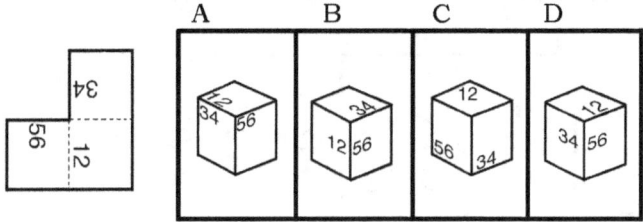

12. Une fois replié en boucle, à quoi ressemblera la bande de papier?

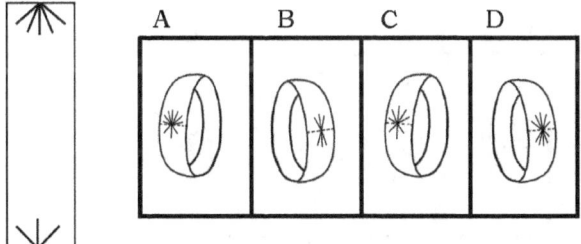

13. Parmi les choix suivants, quel est le même motif vu sous un angle différent?

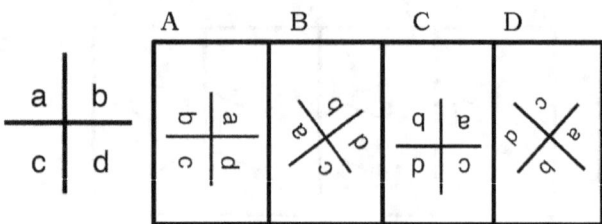

14. Une fois replié, quel motif est possible?

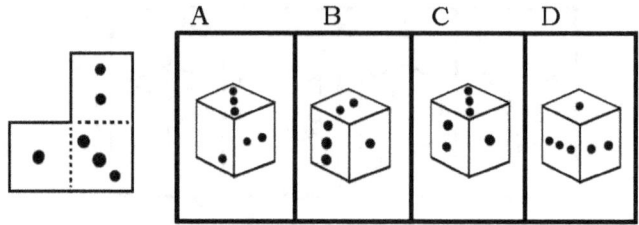

15. Parmi les choix suivants, quel est le même motif vu sous un angle différent?

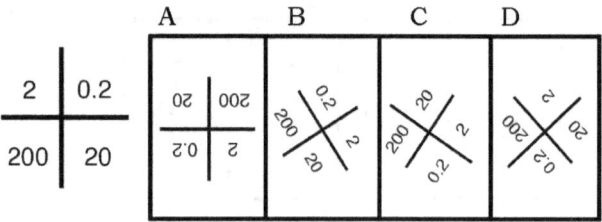

Section III – Résolution de problèmes

1. Quel sera le prochain nombre dans la suite suivante? 25, 33, 41, 49, ...

    a. 51

    b. 55

    c. 59

    d. 57

2. Quel sera le prochain nombre dans la suite suivante? 6, 11, 18, 27, ...

    a. 38

    b. 35

    c. 29

    d. 30

3. Examinez le rapport entre les nombres de la boîte A et ceux de la boîte B. Quel est le nombre manquant dans la boîte B?

Boîte A

6	3
9	5

Boîte B

36	?
81	25

a. 49
b. 51
c. 9
d. 12

4. Quel sera le prochain nombre dans la suite suivante? 13, 26, 52, 104, ...

a. 208
b. 106
c. 200
d. 400

5. Quel sera le prochain nombre dans la suite suivante? 32, 26, 20, 14, ...

a. 12
b. 19
c. 10
d. 8

6. Quel est le nombre manquant dans la suite suivante? 12, 4, 16, ..., 36.

a. 18
b. 22
c. 20
d. 30

7. Quel est le nombre manquant dans la suite suivante? 3, 9, 27, ..., 243.

    a. 30
    b. 39
    c. 18
    d. 81

8. Quel sera le prochain nombre dans la suite suivante? 6, 12, 24, 48, ...

    a. 48
    b. 64
    c. 60
    d. 96

9. Quel sera le prochain nombre dans la suite suivante? 5, 6, 11, 17, ...

    a. 28
    b. 34
    c. 36
    d. 27

10. Quel est le nombre manquant dans la suite suivante? 26, 21, ..., 11, 6.

    a. 7
    b. 23
    c. 16
    d. 29

11. Un panier contient 15 balles jaunes et 35 balles orange. Combien de balles jaunes faut-il ajouter pour qu'elles représentent 65 % du total?

   a. 50
   b. 35
   c. 65
   d. 70

12. Un rectangle est deux fois plus long que large, et son aire est la même que celle d'un carré de 12 cm de côté. Combien mesure le périmètre du rectangle, à l'unité près?

   a. 51 cm
   b. 36 cm
   c. 46 cm
   d. 56 cm.

13. Un distributeur a acheté 550 kg de pommes de terre pour 165 $. Il en a vendu à 6,4 $ pour 20 kg à 15 commerçants et à 3,4 $ pour 10 kg à 12 commerçants. Il a vendu son stock restant à 1,8 $ pour 5 kg. Si ses coûts de distribution représentent 10 $, quel profit réalisera-t-il?

   a. 8,60 $
   b. 24,60 $
   c. 14,90 $
   d. 23,40 $

14. Cinq hommes doivent se partager équitablement une cargaison de 10 kg et 550 g. Quel poids devra porter chacun des hommes? 1 kg = 1 000 g

    a. 900 g
    b. 1,5 kg
    c. 3 kg
    d. 2 kg et 110 g

15. Un travailleur a reçu une augmentation de 30 % de son salaire hebdomadaire. S'il gagne maintenant 150 $ par semaine, combien gagnait-il avant?

    a. 120 $
    b. 99.15 $
    c. 109 $
    d. 115.4 $

16. Quel est le salaire de M. Johnson, compte tenu du fait qu'il en donne la moitié à sa famille, qu'il paie son loyer de 250 $ et qu'il lui en reste encore exactement les 3/7?

    a. 3,600 $
    b. 2,800 $
    c. 1,750 $
    d. 3,500 $

17. Samuel et Simon jouent à un jeu de cartes. Samuel gagne quand une carte pigée dans un paquet de 52 cartes est un 7 ou une carte de carreau, et Simon gagne quand la carte pigée est paire. Quel énoncé est le plus probablement vrai?

    a. Simon gagnera le plus de parties

    b. Samuel gagnera le plus de parties

    c. Simon et Samuel ont des chances égales de gagner

    d. Il est impossible de savoir qui a l'avantage d'après les données fournies

18. M. Leblanc veut recouvrir de tuiles sa cour arrière, qui mesure 16 m par 11 m. Chaque tuile mesure 7 cm par 4 cm. Si une tuile coûte 0,30 $ et que 2,5 % des tuiles se brisent pendant les travaux, quel sera le coût du projet?

    a. 18,857 $

    b. 19,328 $

    c. 20,895 $

    d. 21,563 $

19. Une carte est à l'échelle 1:2 000. Quelle distance réelle représentent 5,2 po sur la carte si l'échelle est en pouces?

    a. 100,400

    b. 10,500

    c. 10,400

    d. 10,400

20. Quelle distance parcourra en 12 secondes un train qui se déplace à 72 km/h?

    a. 200 mètres
    b. 220 mètres
    c. 240 mètres
    d. 260 mètres

21. Antoine a acheté 15 douzaines d'œufs pour 80 $. Seize des œufs se sont brisés pendant le transport. Il a vendu les œufs restants à 0,54 $ chacun. Quelle est la marge de profit d'Antoine en pourcentage? Calculer la réponse à 2 décimales près.

    a. 11%
    b. 11.20%
    c. 11.50%
    d. 12%

22.

23.

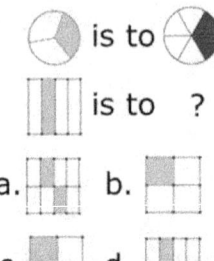

24.

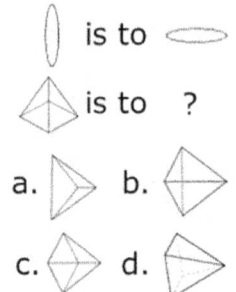

25.

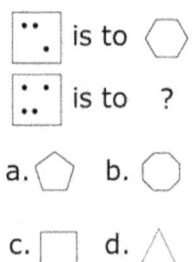

26.

☐ is to ▣

△ is to ?

a. ⬟(•)   b. △(••)

c. △(•)   d. ⬡(•)

27.

☐ is to ☐○

⬠ is to ?

a. ⬠○   b. ☐○

c. ⬠○   d. ○○

28.

⌐ is to △

⊔ is to ?

a. ⌒   b. ⧄

c. ⌣   d. △

29.

▢ is to]

⬠ is to ?

a. ⟩ b. ⟩

c. ⟩ d.]

30.

▢ is to]

⬠ is to ?

a. ⟩ b. ⟩

c. ⟩ d.]

Feuille de Réponses

1. D
Succulent signifie la même chose que savoureux.

2. C
Expliquer signifie la même chose qu'interpréter.

3. B
Grégaire signifie la même chose que sociable.

4. B
Hésitant signifie la même chose que contestable.

5. B
Lucide signifie la même chose que clair.

6. B
Particulier signifie la même chose qu'étrange.

7. D
Vivant signifie la même chose que vif.

8. B
Apparence signifie la même chose qu'aspect.

9. C
Confus est le contraire d'éclairé.

10. A
Collaboration est le contraire de sans coordination.

11. B
Illicite est le contraire de légal.

12. A
Stérile est le contraire de sale.

13. C
Myriade est le contraire de quelques.

14. A
Pessimiste est le contraire d'optimiste.

15. A
Placide est le contraire de chaotique.

16. D
Robuste est le contraire de fragile.

17. B
Importun : harceler par des demandes persistantes.

18. D
Volatile : Explosif.

19. B
Triste : chagriné, endeuillé ou mélancolique.

20. A
Lien : une liaison.

21. B
Inhérent : fait naturellement partie de quelque chose ou en est la conséquence ou une partie indispensable.

22. C
Maladroit : paresse, léthargie ou apathie.

23. A
Grégaire : décrit quelqu'un qui aime être au milieu d'une foule et socialiser.

24. A
Il s'agit d'un rapport fonctionnel. Un oiseau vit dans un nid, tout comme un ours vit dans une grotte.

25. B
Il s'agit d'un rapport fonctionnel. Un professeur travaille dans une école tout comme une serveuse dans une cafétéria.

26. A
Il s'agit d'un rapport de degré. Un roc est un très gros galet – les deux sont des roches, tout comme un océan est une énorme mare, les deux sont des plans d'eau.

27. A
Il s'agit d'un rapport de type. Un caniche est un type de chien tout comme un grand requin blanc est un type de requin.

28. B
Il s'agit d'une relation de prédateur à proie. Les renards mangent les poulets tout comme les chats mangent les souris.

29. C
Il s'agit d'un rapport fonctionnel. Un avocat défend un client dans un procès tout comme un médecin procède à une intervention sur un patient.

30. B
Il s'agit d'un rapport de cause à effet. Il faut manger pour devenir gros, tout comme il faut respirer pour vivre.

Aptitudes Spatiales

1. B
2. D
3. B
4. B
5. A
6. A
7. C
8. B
9. D
10. C
11. D
12. A
13. D
14. C
15. A

Résolution de Problèmes

1. D
Chaque terme est obtenu en ajoutant 8 au terme précédent.

2. A
L'écart entre les termes commence à 5, et augmente

de 2 à chaque fois.

6, [+5] 11, [+7] 18, [+9] 27 [+11] **38**

3. C
Les nombres de la boîte B correspondent au carré des nombres de la boîte A.

4. A
Chaque terme est le double du précédent.

5. D
Chaque terme correspond au précédent moins 6.

6. C
Chaque terme est la somme des deux termes précédents.

7. D
Chaque terme est le triple du précédent.

8. D
Chaque terme est le double du précédent.

9. A
Chaque terme est la somme des deux termes précédents.

10. C
Chaque terme correspond au précédent moins 5.

11. A
Il y a 50 balles dans le panier. Soit x, le nombre de balles jaunes à ajouter pour qu'elles représentent 65 % du total. L'équation est $((X + 15)/X)] + 50 = 65/100$. $X = 50$.

12. A
L'aire du carré = $12 \times 12 = 144$ cm². Soit x, la largeur du rectangle. La longueur est donc 2x. L'aire du rectangle correspond à $2x^2$ et le périmètre à $2(2x + x) = 6x$. Sachant que $2x^2 = 144$, on trouve $x = 8,48$ cm. Le périmètre correspond à $6 \times 8,48 = 50,88 = 51$ cm.

13. A

Les pommes de terre sont distribuées en trois différentes quantités, à trois différents prix :

6,4 $ pour 20 kg dans 15 commerces signifie que 20•15 = 300 kg ont été distribués.

3.4 $ pour 20 kg dans 12 commerces signifie que 10•12 = 120 kg ont été distribués.

550 − (300 + 120) = 550 − 420 = 130 kg restants. Cette quantité est distribuée en portions de 5 kg, donc dans 130/5 = 26 commerces.

1,8 $ pour 130 kg.

Il faut trouver les recettes récoltées pour l'ensemble de ces ventes.

6,4 $ par portion de 20 kg : 6,4•15 = 96 $ pour 300 kg

3,4 $ par portion de 10 kg : 3,4•12 = 40,8 $ pour 120 kg

1,8 $ par portion de 5 kg : 1,8•26 = 46,8 $ pour 130 kg

Donc, le distributeur a récolté 96 + 40,8 + 46,8 = 183,6 $

Les frais de distribution ont représenté 10 $ au total. Le profit réalisé correspond aux recettes touchées − l'argent dépensé. Important : il ne faut pas oublier qu'il a acheté les pommes de terre pour 165 $ au début!

Profit = 183.6 − 10 − 165 = 8.6 $

14. D

Il faut commencer par convertir toutes les unités en grammes. Comme 1 000 g = 1 kg :
10 kg et 550 g = 10 x 1 000 g + 550 g = 10,000 g + 550 g = 10,550 g.

Les 10 550 g sont répartis entre 5 hommes. Chaque homme devra donc transporter 10 550/5 = 2 110 g.
2,110 g = 2,000 g + 110 g = 2 kg et 110 g

15. D

Si l'ancien salaire = x, alors 150 $ = x + 0,30x;
150 = 1x + 0,30x; 150 = 1,30x, x = 150/1.30 = 115.3846
= 115.38 = 115.4

16. D

Passons en revue les fractions mentionnées dans la question. Il est question d'une moitié (1/2) et de 3/7. Multiplions ensemble les dénominateurs de ces fractions pour décider de la fraction à utiliser pour décrire l'ensemble de l'argent. Nous savons que M. Johnson a 14x au commencement. Il en donne ensuite la moitié à sa famille, donc 7x. Il donne ensuite 250 $ à son propriétaire et il lui reste 3/7 de l'argent. 3/7 de 14x égale :

14x•(3/7) = 6x

Par conséquent :

L'argent dépensé représente 7x + 250.

L'argent restant représente 6x.

La somme initiale complète représente 14x.

Nous voulons l'équation suivante : somme initiale = argent dépensé + argent restant.

14x = 7x + 250 + 6x

14x − 7x − 6x = 250

x = 250

On nous demande de donner la somme d'argent initiale, soit 14 x :

14x = 14 • 250 = 3,500 $

17. A

Il y a 52 cartes au total. Sur les 52 cartes, 16 feraient gagner Samuel. Sa probabilité de réussite dans une partie est donc de 16/52. Quant à Simon, 20 cartes lui permettent de gagner, sa probabilité de réussite est donc de 20/52. Simon a les meilleures chances de gagner.

18. B
Chaque tuile mesure 7 cm x 4 cm = 28 cm². La cour mesure 16 m x 11 m = 176 m² = 1 760 000 cm².
Le nombre de tuiles nécessaires équivaut à
1 760 000/28 = 62 857. Comme 2,5 % des tuiles se brisent pendant les travaux, 1,025 x 62,857 = 64,429. Le coût total est de 64,429 x 0,3 = 19,328 $.

19. C
1 po sur la carte représente 2,000 po dans la réalité. Donc 5.2 po sur la carte représentent 5.2 • 2,000 = 10,400 po.

20. C
Une heure compte 3,600 secondes et un kilomètre, 1 000 mètres.

Comme le train se déplace à 72 km/h, il parcourt 72,000 mètres en 3,600 secondes.

Si le train parcourt 72,000 m en 3,600 s, <u>il parcourt x mètres en 12 secondes</u>.

Par multiplication croisée, on obtient :

x = 72,000 • 12 / 3 600 x = 240 mètres.

21. A
Commençons par noter l'argent dépensé par Antoine : 80 $.

Il faut maintenant déterminer l'argent qu'il a gagné :

Il avait 15 douzaines d'œufs = 15•12 = 180 œufs.
16 d'entre eux se sont brisés. Par conséquent :

Nombre d'œufs restants vendus par
Antoine = 180 – 16 = 164.

Recettes réalisées grâce à la vente des
164 œufs = 164•0.54 = 88.56 $.

En résumé, il a dépensé 80 $ et il a gagné 88.56 $.

Le profit est la différence entre les deux :

88.56 − 80 = 8.56 $

Pour trouver le pourcentage de profit, il faut comparer le profit à l'argent dépensé :

8.56 • 100/80 = 10.7 %

Il ne reste qu'à arrondir au nombre entier le plus près : 11 %.

22. C
Le contenant et le contenu échangent leurs places.

23. D
Les parts sont divisées en deux dans la deuxième figure.

24. D
La figure subit une rotation de 90 ° en sens horaire.

25. B
Le nombre de points est égal à la moitié du nombre de côtés de la deuxième figure.

26. C
La deuxième figure correspond à la première dans laquelle un point a été ajouté.

27. A
La solution est la première figure en plus petit, et une autre figure comptant un côté de plus.

28. B
La solution correspond à la moitié inférieure de la figure à trois dimensions correspondante.

29. C
La solution correspond à la moitié droite de la première figure.

30. B
La solution correspond à la moitié droite de la première figure.

Test de Pratique 2

LA PORTION DU TEST DE PRATIQUE PRÉSENTE DES QUESTIONS REPRÉSENTATIVES DES TYPES DE QUESTIONS QUE VOUS POUVEZ VOUS ATTENDRE À TROUVER DANS LE TAFC. Les questions ci-dessous ne sont pas les mêmes que celles que vous trouverez dans le TAFC – cela serait trop facile! Et personne ne sait quelles seront les questions, car elles changent sans cesse. Vous trouverez ci-dessous des questions générales qui traitent des mêmes éléments que le TAFC. Ainsi, même si la présentation et le libellé exact des questions peuvent légèrement différer, et changer d'une année à l'autre, si vous arrivez à répondre aux questions ci-après, vous n'aurez aucun problème avec le TAFC.

Pour obtenir les meilleurs résultats, prenez les questions du test de pratique comme s'il s'agissait de l'examen réel. Réservez du temps quand vous savez que vous ne serez pas dérangé et un endroit tranquille exempt de distractions. Lisez attentivement les instructions, lisez soigneusement chaque question et répondez du mieux que vous pouvez.

Utilisez les feuilles de réponses fournies. Lorsque vous aurez répondu à toutes les questions du test d'essai, vérifiez vos réponses par rapport aux réponses et lisez les explications fournies.

Feuille de Réponses - Compétences Verbales

	A	B	C	D	E		A	B	C	D	E
1	○	○	○	○	○	21	○	○	○	○	○
2	○	○	○	○	○	22	○	○	○	○	○
3	○	○	○	○	○	23	○	○	○	○	○
4	○	○	○	○	○	24	○	○	○	○	○
5	○	○	○	○	○	25	○	○	○	○	○
6	○	○	○	○	○	26	○	○	○	○	○
7	○	○	○	○	○	27	○	○	○	○	○
8	○	○	○	○	○	28	○	○	○	○	○
9	○	○	○	○	○	29	○	○	○	○	○
10	○	○	○	○	○	30	○	○	○	○	○
11	○	○	○	○	○						
12	○	○	○	○	○						
13	○	○	○	○	○						
14	○	○	○	○	○						
15	○	○	○	○	○						
16	○	○	○	○	○						
17	○	○	○	○	○						
18	○	○	○	○	○						
19	○	○	○	○	○						
20	○	○	○	○	○						

Feuille de Réponses - D'aptitudes Spatiales

	A	B	C	D
1	○	○	○	○
2	○	○	○	○
3	○	○	○	○
4	○	○	○	○
5	○	○	○	○
6	○	○	○	○
7	○	○	○	○
8	○	○	○	○
9	○	○	○	○
10	○	○	○	○
11	○	○	○	○
12	○	○	○	○
13	○	○	○	○
14	○	○	○	○
15	○	○	○	○

Feuille de Réponses – Résolution de Problèmes

	A	B	C	D	E		A	B	C	D	E
1	○	○	○	○	○	21	○	○	○	○	○
2	○	○	○	○	○	22	○	○	○	○	○
3	○	○	○	○	○	23	○	○	○	○	○
4	○	○	○	○	○	24	○	○	○	○	○
5	○	○	○	○	○	25	○	○	○	○	○
6	○	○	○	○	○	26	○	○	○	○	○
7	○	○	○	○	○	27	○	○	○	○	○
8	○	○	○	○	○	28	○	○	○	○	○
9	○	○	○	○	○	29	○	○	○	○	○
10	○	○	○	○	○	30	○	○	○	○	○
11	○	○	○	○	○						
12	○	○	○	○	○						
13	○	○	○	○	○						
14	○	○	○	○	○						
15	○	○	○	○	○						
16	○	○	○	○	○						
17	○	○	○	○	○						
18	○	○	○	○	○						
19	○	○	○	○	○						
20	○	○	○	○	○						

Partie I – Compétences Verbales (CV)

1. JARGON est synonyme de

    a. argot
    b. calomnie
    c. plagiat
    d. périmé

2. RENDRE est synonyme de

    a. donner
    b. reconnaître
    c. provenir
    d. ajuster

3. INTRUSIF est synonyme de

    a. privé
    b. envahissant
    c. mystérieux
    d. unique

4. RENOMMÉ est synonyme de

    a. populaire
    b. sûr
    c. timide
    d. réduction

5. INCOHÉRENT est synonyme de

   a. ambigu
   b. léger
   c. confus
   d. malin

6. SYMPATHIQUE est synonyme de

   a. agréable
   b. déformé
   c. précieux
   d. responsable

7. RÉPRIMANDE est synonyme de

   a. critique
   b. tacite
   c. principe
   d. territoire

8. ASSOUVIR est synonyme de

   a. insuffisant
   b. satisfaire
   c. manquant
   d. spectateur

9. ABONDANT est le contraire de

   a. rare
   b. beaucoup
   c. analyse
   d. intrusif

10. DUR est le contraire de

   a. abusif
   b. grégaire
   c. faible
   d. massif

11. SIMPLE est le contraire de

   a. complexe
   b. ordinaire
   c. timide
   d. dynamique

12. AFFICHER est le contraire de

   a. élever
   b. dissimuler
   c. stigmatiser
   d. contester

13. PINGRE est le contraire de

   a. serré
   b. offensif
   c. moyen
   d. généreux

14. AVANCER est le contraire de

   a. nouveau
   b. battre en retraite
   c. suivant
   d. suivi

15. CESSER est le contraire de

   a. mettre fin

   b. au milieu

   c. retarder

   d. commencer

16. IMMENSE est le contraire de

   a. rare

   b. honneur

   c. minuscule

   d. bruyant

17. REDONDANT signifie

   a. relève

   b. répétition nécessaire

   c. répétition inutile

   d. pas de répétition

18. SE QUERELLER signifie

   a. bavarder

   b. discuter

   c. se chicaner

   d. débattre

19. SOMBRE signifie

   a. gothique

   b. noir

   c. lugubre

   d. méchant

20. NON CONFORMISTE signifie

    a. rebelle
    b. conformiste
    c. non conventionnel
    d. conventionnel

21. TÉNU signifie

    a. fort
    b. tendu
    c. ferme
    d. faible

22. Désastre signifie

    a. chaos
    b. ordonné
    c. tranquille
    d. bruyant

23. Perpétuel signifie

    a. continu
    b. lent
    c. échelonné sur une très longue durée
    d. mouvement

24. FONDRE est à un LIQUIDE ce que GELER est à

    a. la glace
    b. la condensation
    c. un solide
    d. la vapeur

25. L'HORLOGE est à L'HEURE ce que le THERMOMÈTRE est à

    a. à la chaleur
    b. au rayonnement
    c. à l'énergie
    d. à la température

26. UNE VOITURE est à un GARAGE ce qu'un AVION est à

    a. un dépôt
    b. un port
    c. un hangar
    d. un havre

27. JOUER au théâtre est à ce que JOUER AU JEU est à

    a. un gymnase
    b. un bar
    c. un club
    d. un casino

28. Le PORC est au COCHON ce que le BŒUF est à

    a. un troupeau
    b. un agriculteur
    c. une vache
    d. un agneau

29. LE FRUIT est à la BANANE ce qu'un MAMMIFÈRE est à

    a. un lapin
    b. un serpent
    c. un poisson
    d. un moineau

30. LÉTHARGIE est au SOMMEIL ce qu'un MARÉCAGE est à

    a. un rêve
    b. une incursion
    c. un marais
    d. une nuit

Partie II Aptitudes spatiales (AS)

1. Une fois replié le long des lignes pointillées, quelle figure obtiendrez-vous?

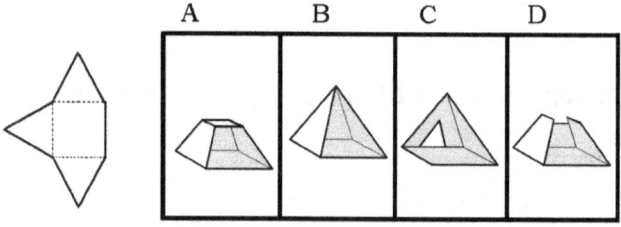

2. Une fois replié, quel motif est possible?

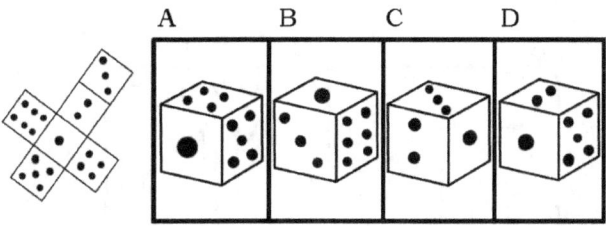

3. Une fois replié en boucle, à quoi ressemblera la bande de papier?

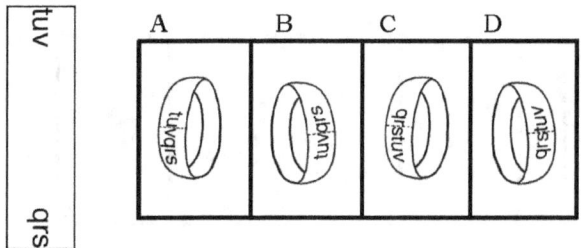

4. Parmi les choix suivants, quel est le même motif vu sous un angle différent?

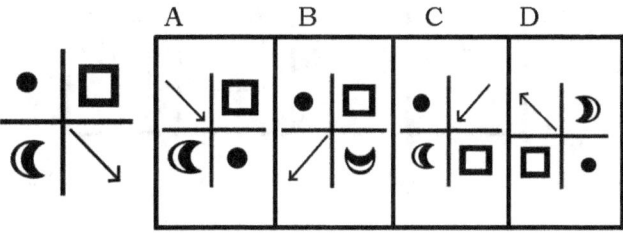

5. Une fois mis ensemble, quelle figure tridimensionnelle obtiendrez-vous?

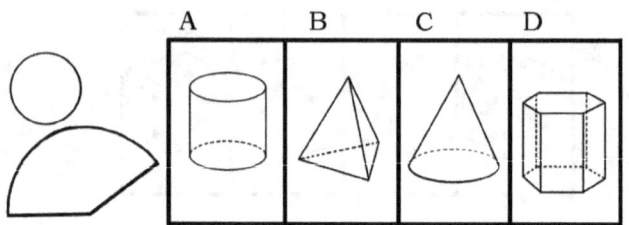

6. Une fois replié, quel motif est possible?

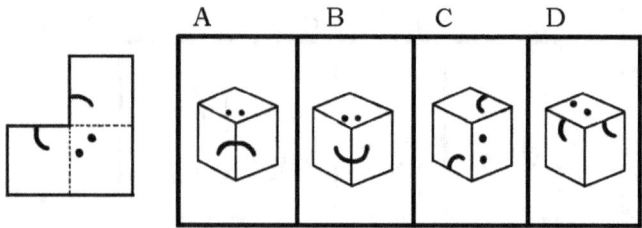

7. Une fois replié, quel motif est possible?

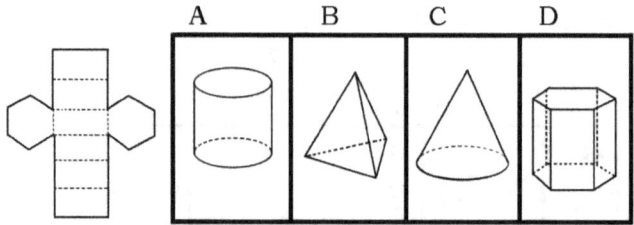

8. Parmi les choix suivants, quel est le même motif vu sous un angle différent?

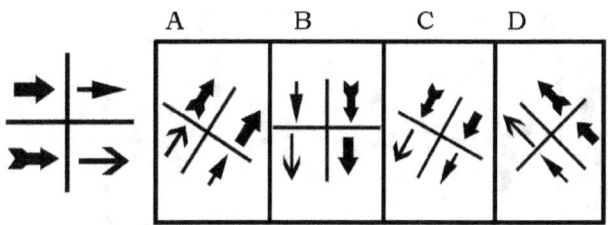

9. Une fois mis ensemble, quelle figure tridimensionnelle obtiendrez-vous?

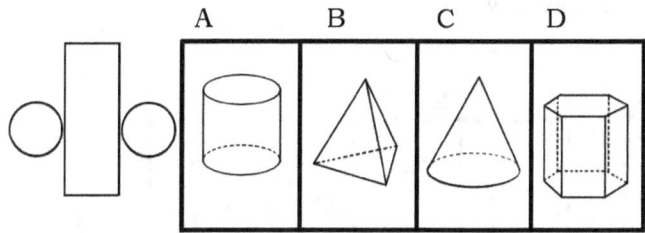

10. Une fois replié en boucle, à quoi ressemblera la bande de papier?

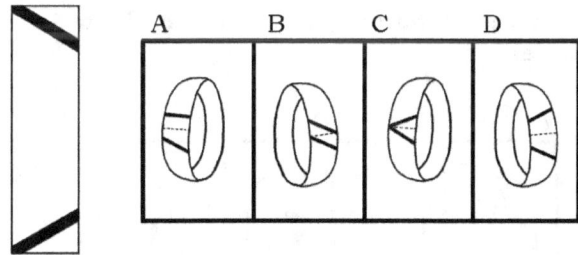

11. Parmi les choix suivants, quel est le même motif vu sous un angle différent?

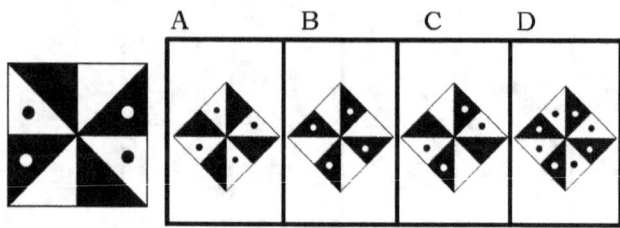

12. Une fois mis ensemble, quelle figure tridimensionnelle obtiendrez-vous?

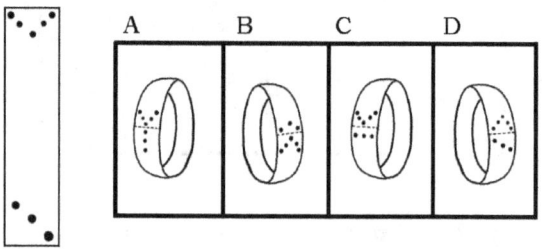

13. Une fois replié en boucle, à quoi ressemblera la bande de papier?

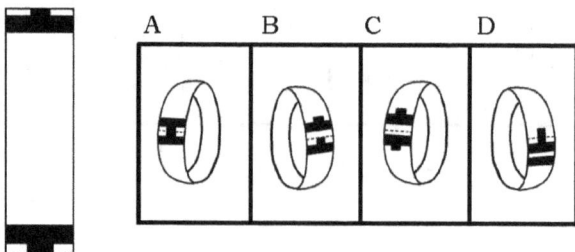

14. Parmi les choix suivants, quel est le même motif vu sous un angle différent?

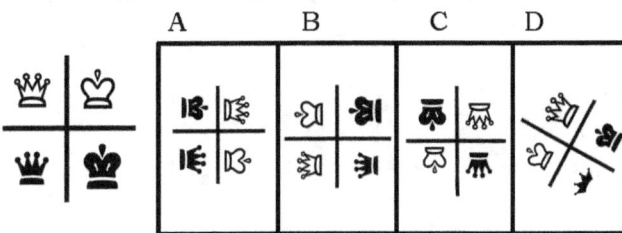

15. Une fois replié en boucle, à quoi ressemblera la bande de papier?

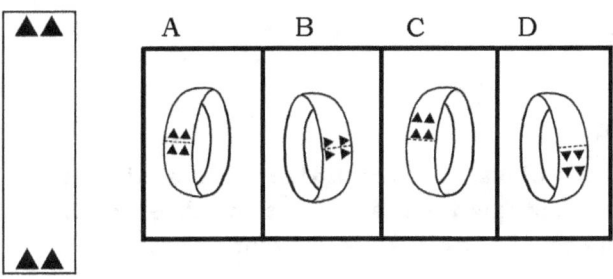

Section III – Résolution de problèmes

1. Quel est le volume d'une boîte de 15 cm de long, 20 cm de large et 10 cm de haut?

    a. 45 cm^3

    b. 3 000 cm^3

    c. 1 500 cm^3

    d. 300 cm^3

2. Sarah pèse 25 livres de plus qu'Antoine. S'ils pèsent 205 livres à eux deux, quel est le poids approximatif de Sarah en kilogrammes? 1 lb = 0,4535 kg.

    a. 52

    b. 50

    c. 48

    d. 41

3. Dans une classe de 83 étudiants, 72 sont présents. Quel pourcentage des étudiants sont absents? Donnez votre réponse à 2 chiffres significatifs près.

    a. 12

    b. 13

    c. 14

    d. 15

4. Un magasin vend des systèmes de son à 545 $. Si la taxe sur la valeur ajoutée compte pour 15 % de ce prix, quel était le prix d'un système de son avant taxe?

    a. 490.40 $

    b. 473.90 $

    c. 575.00 $

    d. 593.15 $

5. M. Lachance est propriétaire d'une usine. Le total de ses actifs vaut 256 800 $, y compris un bâtiment d'une valeur de 80 500 $, de la machinerie d'une valeur de 125 000 $ et 51 300 $ de liquidités. Après un an, quelle sera la valeur totale de ses actifs s'il dispose de 75 600 $ en liquidités, que la valeur de son bâtiment augmente de 10 % par année et que sa machinerie a perdu 20 % de sa valeur?

    a. 243,450 $
    b. 252,450 $
    c. 264,150 $
    d. 272,350 $

6. Martin gagne un salaire de 25 000 $ et il paye 500 $ de loyer et 860 $ d'assurance santé. Il dépense 40 % de son revenu total en nourriture et en vêtements et 10 % pour l'éducation de ses enfants, en plus de payer 800 $ de services. Quel pourcentage de son revenu met-il de côté?

    a. 44 %
    b. 47 %
    c. 50 %
    d. 54 %

7. Le prix de 1 050 $ doit être partagé entre les trois gagnants d'un concours selon une proportion de 7:5:3 pour le premier, le deuxième et le troisième prix. Quel sera l'écart entre le prix reçu par le gagnant et le prix reçu par celui qui arrivera en troisième place?

    a. 210 $
    b. 280 $
    c. 350 $
    d. 490 $

8. Le gérant d'une usine de fabrication de tissu estime que si 10 machines fonctionnent à pleine efficacité pendant 8 heures, elles produisent 1450 mètres de tissu. En raison de problèmes techniques, 4 des machines fonctionnent à 95 % d'efficacité, et les 6 autres, à 90 % d'efficacité. Combien de mètres de tissu seront produits par ces machines en 8 heures?

    a. 1 479 mètres
    b. 1 310 mètres
    c. 1 334 mètres
    d. 1 285 mètres

9.

⬠ is to ⬠

△ is to ?

a. ▽   b. ◁

c. ▷   d. ▭

10.

△ is to ▷

⬭ is to ?

a. ▷   b. ☐

c. ⬠   d. ▭

11.

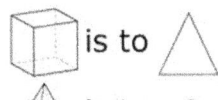 is to △

△ is to ?

a. △ b. ☐

c. ⬠ d. ⌭

12.

☐ is to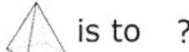

△ is to ?

a. △ b. ◮

c. ⬠ d. ⌭

13.

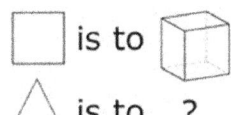 is to ⁝⁝

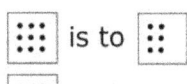 is to ?

a. ⁝˙ b. ⁝⁝

c. ∷ d. ⁝⁝

14.

▯ is to ▭

△ is to ?

a. ▷ b. ⬭

c. ▷ d. ⬜

15.

□ is to ⊓

⬠ is to ?

a. ⌒ b. ∧

c. ⌃ d. ⊔

16.

○ is to ()

□ is to ?

a. ▫ b. ▯

c. ▭ d. □

17. Quels sont les deux termes manquants dans la suite suivante?..., ..., 20, 32, 44, 56, 68.

   a. –4, 8
   b. 0, 12
   c. –6, 8
   d. 2, 8

18. Quels devraient être les deux prochains nombres dans la suite suivante? 3, 5, 10, 12, 24, ...

   a. 48, 58
   b. 26, 28
   c. 48, 50
   d. 26, 52

19. Quels devraient être les deux prochains nombres dans la suite suivante? 1000, 992, 984, 976, ...

   a. 968, 961
   b. 967, 960
   c. 968, 960
   d. 970, 964

20. Quels devraient être les deux prochains nombres dans la suite suivante? 0,1, 0,3, 0,9, 2,7, ...

   a. –8,1, –24,3
   b. 8,1, 24,3
   c. 5,4, 10,8
   d. –5,4, –10,8

21. Quels devraient être les 3 prochains nombres dans la suite suivante? 32, 16, 8, 4, ...

    a. 2, 1, 0,5

    b. 2, 0, −2

    0, −4, −8

    2, 1, 0

22. Quel est le nombre manquant dans la suite suivante? 3, ..., 9, 12, 15.

    a. 4

    b. 7

    c. 6

    d. 5

23. Quel sera le prochain nombre dans la suite suivante? 1 132, 1 121, ?, 1 199, ...

    a. 1 109

    b. 1 188

    c. 1 189

    d. 1 180

24. Quel est le nombre manquant dans la suite suivante? 95, 90, ..., 80, 75.

    a. 87

    b. 85

    c. 86

    d. 80

25. Quels sont les deux nombres manquants dans la suite suivante? ..., 75, 65, 60, 50, 45, 35, ...

    a. 70, 35
    b. 65, 35
    c. 70, 30
    d. 65, 30

26. Quels sont les deux nombres manquants dans la suite suivante? 91, 85, ..., ..., 67, 61.

    a. 81, 71
    b. 78, 72
    c. 80, 70
    d. 79, 73

27. Quels sont les deux premiers nombres de la suite suivante? ..., ..., 120, 129, 138, 147.

    a. 102, 111
    b. 100, 110
    c. 102, 112
    d. 99, 111

28. Quels sont les deux nombres manquants dans la suite suivante?..., 95, 88, 93, 86, 91, ...

    a. 88, 98
    b. 90, 98
    c. 100, 84
    d. 90, 84

29. Quels sont les deux nombres manquants dans la suite suivante? 76, 64, 54, 46, ..., 36, 34, 0.

    a. 40, 32
    b. 40, 34
    c. 42, 30
    d. 42, 32

30. Quels sont les deux nombres manquants dans la suite suivante? 3, 0, 12, ..., 48, 96.

    a. 6, 36
    b. 6, 18
    c. 8, 16
    d. 6, 24

Feuille de Réponses

Partie 1 – Compétences Verbales

1. A
Jargon est synonyme d'argot.

2. A
Rendre est synonyme de donner.

3. B
Intrusif est synonyme d'envahissant.

4. A
Renommé est synonyme de populaire.

5. C
Incohérent est synonyme de confus.

6. A
Sympathique est synonyme d'agréable.

7. A
Réprimander est synonyme de critiquer.

8. B
Assouvir est synonyme de satisfaire.

9. A
Abondant est le contraire de rare.

10. C
Dur est le contraire de faible.

11. A
Simple est le contraire de complexe.

12. B
Afficher est le contraire de camoufler.

13. D
Avare est le contraire de généreux.

14. B
Avancer est le contraire de battre en retraite.

15. D
Cesser est le contraire de commencer.

16. C
Immense est le contraire de minuscule.

17. C
Redondant : répétitif ou inutilement verbeux.

18. C
Se disputer : se quereller sans relâche et de manière insultante.

19. C
Sombre : morose et lugubre.

20. A
Anti-conformiste : qui fait preuve d'indépendance dans ses réflexions ou ses actions, rebelle.

21. D
Ténu : mince sur le plan du fond ou de la consistance, faible.

22. A
Pandémonium : Chaos; violence tumultueuse ou illégitime.

23. A
Perpétuel : sans interruption.

24. C
Il s'agit d'une relation de processus. Le premier mot est le processus qui crée le deuxième. Par exemple, la glace fond en liquide de la même façon que l'eau se congèle en solide.

25. D
Il s'agit d'une relation de mesure. L'horloge mesure le temps de la même façon qu'un thermomètre mesure la température.

26. C
Une voiture est garée dans un garage tout comme un

avion est garé dans un hangar.

27. D
Il s'agit d'une relation de lieu. On joue dans un théâtre tout comme on joue dans un casino.

28. C
Le porc est la viande d'un cochon tout comme le bœuf est la viande d'une vache.

29. A
Il s'agit d'une relation de classification. La première est la catégorie à laquelle appartient la deuxième.

Fruit -> banane
Mammifère -> lapin

30. C
Torpeur est synonyme de sommeil et marécage est synonyme de marais.

Aptitudes Spatiales

1. B
2. A
3. D
4. D
5. C
6. B
7. D
8. C
9. A
10. C
11. C
12. D
13. A
14. B
15. A

Résolution de Problèmes

1. B
La formule du volume est
L x l x h = 15 x 20 x 10 = 3 000 cm³.

2. A
Si le poids de Sarah est x et que nous savons qu'elle pèse 25 livres de plus qu'Antoine, le poids d'Antoine est x − 25. Mis ensemble, ils pèsent 205 livres, ce qui signifie que la somme des deux inconnues donnera 205 :

Sarah : x

Antoine : x − 25
x + (x − 25) = 205
En réarrangeant l'équation, on obtient :
x + x − 25 = 205

2x − 25 = 205

On ajoute 25 de chaque côté de l'équation pour isoler les x :

2x − 25 + 25 = 205 + 25
2x = 230
x = 230/2

x = 115 livres

Sarah pèse 115 livres. Comme 1 livre vaut 0,4535 kilogrammes, il faut multiplier 115 par 0,4535 pour trouver son poids en kilos :

x = 115 • 0,4535 = 52,1525 kg = 52 une fois arrondi à l'unité près.

3. B
Nombre d'étudiants absents = 83 − 72 = 11.

Le pourcentage d'absents est le rapport entre le nombre d'étudiants absents et le nombre total d'étudiants dans la classe : 11•100/83 = 13,25.

Il ne reste qu'à arrondir 13,25 à l'entier le plus près :
13 %.

4. B
Coût réel = x, donc 545 = x + 0,15x. 545 = 1x + 0,15x
545 = 1,15x
x = 545/1,15 = 473,9 $

5. C
Liquidités = 75 600 $.
Bâtiment après un an = 80 500 x 1,1 = 88 550 $.
Machinerie après un an = 125 000 x 0,8 = 100 000 $.
Valeur totale des actifs = 264 150 $.

6. B
25 000 − (500 + 860) = 23 640.
Dépenses de nourriture et de
vêtements = 0,4 x 23 640 = 9 456
Scolarité = 23 640 x 0,1 = 2 364
Services = 800
Total des dépenses = 9 456 + 2 364 + 800 = 12 620.
Montant mis de côté 23 640 − 12 620 = 11 020
11 020/23 640 = x/100
x = 1 102 000/23 640 = 46,6 %, arrondi à 47 %.

7. B
Le grand gagnant recevra 7 x 1 050/15 = 490 $.
Le concurrent qui arrivera en troisième place gagnera
3 x 1 050/15 = 210 $.
La différence est de 490 − 210 = 280 $.

8. D
À 100 % d'efficacité, 1 machine produit
1 450/10 = 145 m de tissu.

À 95 % d'efficacité, 4 machines produisent
4•145•95/100 = 551 m de tissu.

À 90 % d'efficacité, 6 machines produisent
6•145•90/100 = 783 m de tissu.

Quantité totale de tissu produit par les
10 machines = 551 + 783 = 1 334 m.

Comme les renseignements fournis utilisent une période
de 8 heures et que c'est aussi le cas de la question, il n'est

pas nécessaire de tenir compte du temps pour trouver la réponse.

9. A
La solution est la même figure à l'envers.

10. D
La figure subit une rotation de 90 ° en sens horaire.

11. B
On passe d'une figure à 3 dimensions à une figure à 2 dimensions.

12. B
On passe d'une figure à 2 dimensions à une figure à 3 dimensions.

13. C
La deuxième figure a un tiers de points en moins que la première.

14. C
On passe d'une figure à 3 dimensions à la figure à 2 dimensions correspondantes, couchée sur le côté

15. B
La deuxième figure est la première figure à laquelle on a enlevé la moitié inférieure.

16. B
On passe de la première figure à une version de la même figure contractée sur le plan horizontal.

17. A
La suite progresse de 12 entre chaque terme. Il suffit de soustraire par 12 pour retrouver les termes antérieurs.

18. D
La suite progresse avec une alternance d'additions de 2 et de multiplications par 2. Les deux prochains termes seront 24 + 2 = 26 et 26 x 2 = 52.

19. C
Il faut soustraire huit à chaque terme pour trouver le suivant.

20. A
Chaque terme correspond au terme précédent multiplié par 3. 2,7 x 3 = 8,1 et 8,1 x 3 = 24,3.

21. A
Chaque terme correspond au terme précédent divisé par 2.

22. C
Chaque terme correspond au terme précédent plus 3.

23. B
Chaque terme correspond au terme précédent moins 11.

24. B
Chaque terme correspond au terme précédent moins 5.

25. C
La suite progresse avec une alternance de soustractions de 5 et de 10. Le premier terme est 75 – 5 = 70 et le dernier terme est 35 – 10 = 30.

26. D
Chaque terme correspond au précédent moins 6.

27. A
Chaque terme correspond au précédent plus 9.

28. D
La suite progresse avec une alternance d'additions de 5 et de soustractions de 7. Le premier terme correspond donc au deuxième moins 5 (95 – 5 = 90) et le dernier terme = 91 – 7 = 84.

29. B
La différence entre chaque paire de terme commence à 12 et diminue de 2 à chaque terme (12, 10, 8, 6, 4, 2). Les termes manquants sont 46 – 6 = 40 et 34 – 0 = 34.

30. D
Chaque terme correspond au précédent multiplié par 2. 3 x 2 = 6 et 12 x 2 = 24.

Conclusion

FÉLICITATIONS! Vous êtes parvenu à ce stade car vous avez fait preuve de diligence en vous préparant à l'examen et vous avez considérablement amélioré votre note possible! L'admission dans une bonne école est un pas de géant dans un périple qui peut être parfois redoutable mais qui est souvent enrichissant et satisfaisant. C'est pourquoi le fait d'être bien préparé revêt autant d'importance.

Il faut étudier avant de s'exercer et puis réussir!

Bonne chance!

www.ingramcontent.com/pod-product-compliance
Lightning Source LLC
Chambersburg PA
CBHW070912080526
44589CB00013B/1269